시진핑 리더십

글로벌 시대의 혁신 리더,
15억 중국인의 꿈을 지휘하는 리더

시진핑 리더십

이창호 지음

| 머리말 |

'중국의 꿈'을 지휘하는 리더, 시진핑!

바야흐로 21세기의 세계는 새로운 힘의 구도로 재편되고 있다. 아시아의 맹주였던 중국은 이제 세계의 맹주를 꿈꾸고 있다. 그 선봉에는 시진핑이라는 지도자가 우뚝 서 있다.

2012년 11월 공식적으로 출범한 시진핑 정부는 '중국의 꿈(中國夢)'을 대대적으로 알리기 시작했다. '꿈' 시리즈의 기원은 19세기 미국으로 거슬러 올라간다. 흑인인권운동가 마틴 루터 킹이 1963년에 한 연설 〈나에게는 꿈이 있습니다(I Have a Dream)〉가 미국을 꿈의 나라로 들뜨게 했고, J. F. 케네디 대통령이 '아메리칸 드림'을 미국의 브랜드로 정착하게 만들었다. 그 후 약 30년 뒤에 미국은 소련과의 체제 경쟁에서 승리해 세계 유일의 초강대국이 되었고, 지구촌은 '팍스 아메리카(Pax

America)'라는 세계 질서 아래 재편되었다. 그런데 이 거대한 꿈이 저물고 있다.

이러한 시기에 중국이 '꿈의 나라'로 부상했다. 일본을 제치고 세계 2위의 경제 대국이 된 것이다. 게다가 역사적으로 치열한 권력 투쟁을 치렀던 중국공산당이 평화롭게 권력을 이양하는 모습까지 보여주고 있다. 이처럼 중국이 경제적 · 정치적으로 자신감을 갖게 된 시점에 시진핑 총서기가 '중국의 꿈'을 외친 것이다. 국제 사회는 앞으로 투톱 체제의 주역이 될지도 모르는 거대한 중국의 리더가 하는 말에 촉각을 모았다.

그렇다면 '아메리칸 드림'이 불러일으키는 달콤한 신분 상승의 꿈과 '차이니즈 드림' 사이의 공통점은 무엇이고 차이점은 무엇일까? 중국의 꿈은 쉽게 말해 개혁개방 이후 심화된 빈부격차를 완화하고, 중 · 하층 인민을 포함하는 모든 인민이 부유해지고, 의료 · 교육 등 공공서비스를 균등하게 누리는 것이며, 덧붙여 국가 보위를 위한 강군 목표를 달성하는 것으로, 곧 '부국강병'이다.

중국의 꿈은 단순한 구호가 아니라, 시진핑 주도의 구체적 정책을 통해 실행되고 있는데, 그 스타일을 보면 장쩌민(江澤民) · 후진타오(胡錦濤) 등 선배 지도자들이 집권 초반에 보여준 분위기와는 사뭇 다르다. 강력한 카리스마와 리더십이 돋보이고 정책의 주안점도 다르다.

그중에서 중국이 강력하게 추진하는 정책으로는 '일대일로(一帶一路)'를 꼽을 수가 있다. 시진핑 정부가 추진 중인 육 · 해상 실크로드 프로젝트인 일대일로를 계기로, 고대 동서문명의 통로였던 실크로드에 대해 다시 관심이 모아지고 있다. 중국의 일대일로전략은 2013년 9월과 10월 시진핑 주석의 중앙아시아와 동남아시아 순방 기간 중 처음으로 제시됐다. 실크로드가 동서양의 문명과 물자 교역로였다는 역사적 사실을 근거로 시진핑 정부는 팍스 아메리카와 비견되는 일대일로라는 전략을 구상해냈다. 그리고 그 대상 국가는 동남아시아부터 시작해 동북아시아, 중앙아시아, 중동은 물론이고 유라시아를 넘어 멀리 아프리카까지 60여 개국에 이르고 있다. 중국 정부가 밝힌 구체적인 방법은 해당국 간의 정책적 소통, 통로 연결, 무역 활성화, 화폐 유통을 통해 마음과 마음을 이어나가겠다는 것이다.

이제 시진핑은 세계 속의 지도자로서 그 위상을 드높이고 있다. 시진핑 중국 국가주석은 미국 카네기국제평화재단(CEIP)이 실시한 2015년 영향력 있는 리더십 조사에서 1위를 차지했다. 조사에 응한 전문가의 40퍼센트가 시 주석을 선택해 26퍼센트가 선택한 블라디미르 푸틴 러시아 대통령, 16퍼센트를 차지한 버락 오바마 미국 대통령을 앞질렀다. 시 주석과 같은 태자당(혁명 원로 출신의 자제) 출신인 친샤오(秦曉 · 68) 전 공상은행 이사장은 지난달 9일 미국 브루킹스연구소가 주최한 심포지엄에서 "시 주석은 결정을 내리면 반드시 실행합니다"라며 "그러나 결정을 내리기 전에는 외국 전문가의 자문도 마다하지 않는 등 열린 자세로 경청합니다"라고 분석했다. 요컨대 시진핑 리더십의 핵심을 실행력과 경청으로 꼽은 것이다.

이 책에서 필자는 시진핑 리더십을 크게 열네 가지로 분석해놓았다. 공동체 정신을 지향하는 창의적인 시진핑의 리더십은 앞으로 세계가 나아갈 길을 비추는 밝은 등불 역할을 할 것이다. 이 책은 글로벌 시대의 혁신적인 역할을 도맡고 있는 시진핑의 모든 것을 서술하고 있다. 모두 5부로 구성되어 있으며, 1부는 중국의 역사, 2부는 중국 최고 지도자들의 리더십, 3부는 시진핑과 중국, 4부는 대륙의 리더 시진핑, 5부는 시진핑 리더십을 다루고 있다. 현재 우리나라가 처한 혼란을 극복하는 데 이 책이 일익을 담당할 거라 자신한다. 우리에게 필요한 것은 바로 타산지석의 정신이라는 점은 분명하다.

마지막으로 혼자서 판단이 잘 서지 않을 때마다 존귀한 시간을 내어 조력자로 역할을 마다하지 않았던 이창호 스피치 라피끄에게 진정으로 감사하는 마음을 전한다. 그들의 배려와 헌신이 오늘의 귀한 결정체를 얻게 했다. 이 책이 세상의 빛과 소금이 되기를 갈망하면서 출판해주신 김진성 대표님과 임직원 여러분께도 감사를 드린다.

파주골에서 이창호

차례

1장

중국의 역사

개괄

시진핑(習近平)을 이해하려면 중국을 이해해야 한다. 시진핑은 중국의 아들이며, 중국의 혼이다. 황허문명 탄생 이래 중국 본토에서는 하나라, 은나라, 주나라 이래 약 5,000년 동안 수많은 왕조가 흥망을 반복해왔다. 한나라 때 중화민족의 대부분을 차지하는 한족의 기틀을 세웠고, 당나라 때는 서방의 페르시아, 이슬람제국, 동로마제국과의 교류도 성했다. 그리고 송나라 때에는 중국 중세문화가 전성기를 이루었다. 그러나 19세기 들어 제1차 아편전쟁과 제2차 아편전쟁에서 청나라가 영국에 패배한 이후, 중국 본토는 서구 열강의 반식민지로 전락했고 홍콩은 영국에 넘어갔으며 마카오는 포르투갈에 넘어갔다.

이 때 청나라의 무능에 반발해 태평천국운동이 일어났으나 곧 진압되었다. 그 후 한족의 개혁파 관료들이 양무운동과 변법자강운동을 차례로 벌였으나 열강의 간섭으로 실패했다. 한편 서태후 등 보수파의 사주로 반외세운동인 의화단운동을 일으켰으나 진압되었다. 그 후 신해혁명이 일어나 1912년에는 아시아 최초의 공화제 국가 중화민국이 탄생했다. 하지만 각지의 군벌이 벌인 내전과 몽골, 티베트의 독립운동 등으로 말미암아 중화민국은 분열되었다. 1930년대에는 국공 내전(중국에서는 보통 '해방전쟁'이라 칭함)과 중일전쟁(중국에서는 보통 '항일전쟁'이라 칭함)이 발발해 중국 각지가 전장이 되었다. 이 시기에는 중앙정부가 두 개 이상일 때도 있었다.

그 후 중일전쟁 중에 세력을 늘려온 중국공산당이 1945년 일본(日本) 패배 이후 국공 내전에서 승리를 거두어 1949년 10월 1일 중화인민공화국 정부를 세웠다. 그 결과, 중화인민공화국에서는 매년 10월 1일을 국경절로 정하고 이를 기념하고 있다.[1]

---

1) 위키백과.

고대에서 근대

고대사

중국 문명의 요람은 황허 강이다. 이 지역을 발굴한 결과, 최초의 중국 문명에 속한다고 할 수 있는 유물이 허난(河南)・산둥・산시 등지에서 발견되었다.

명백한 역사적 증거가 있는 최초의 왕조는 은(殷 또는 商, BC 18~12세기)이라고 할 수 있다. 은은 중국 청동기 문화의 기반 위에 선 왕조로, 서쪽으로는 산시(山西), 남쪽으로는 양쯔 강, 북쪽으로는 허베이 남부에 이르는 지역을 다스렸다. 은 대에 들어와 달력이 사용되었고 문자가 도입되었으며 청동기 제조술이 발달했다.

그 기원이 불분명한 주는 BC 1111년에 은을 무너뜨리고 새 왕조를 세웠다. 주는 그 뒤 여러 차례 이어진 군사 정벌을 통해 영토를 확장했다. 주는 정복으로 획득한 새 영토를 통치하고 교통로를 확보하기 위해 요지에 동족 또는 이족 공신들을 제후로 봉했다(봉건제). 제후들에게는 일정한 지역과 주민을 지배하게 하는 대신 공물을 바치고 군사적 책임을 지게 하는 의무를 지웠다.

주의 말기에는 흉작과 천재가 이어져 민심이 불안정해진 데다 후계문제로 내란이 일어난 틈에 북방민족의 침입으로 BC 771년 수도가 함락되었다. 이로써 서주(西周)는 멸망하고 주 왕실은 동도(東都) 성주(成周)로 도읍을 옮겨 동주(東周)를 다시 일으켰지만 옛날과 같은 위세는 다시 찾을 수 없었고 이때부터 제후들이 독자적으로 활약하게 되었다.

동주는 약 500년간 존속했으며, 이 시기를 춘추전국시대라고도 한다. 이 시기는 철제 농기구의 사용과 전국시대 이후 우경(牛耕)의 출현으로 농업 생산력이 현저히 증대되었다. 또한 상공업도 발달했으며, 정치적 혼란 속에서도 사상과 문화가 꽃피었다. 공자(BC 551~479)는 이 시대에 태어나 그 후 중국 문명의 규범이 된 사회적인 개념을 제정했다.

BC 221년 주의 제후국 가운데 하나였던 진(秦)이 중국을 통일했다. 시황제(始皇帝)는 봉건제를 폐지하고 전국에 군현(郡縣)을 설치했으며(군현제), 나라마다 달랐던 화폐, 도량형, 문자의 서체를 통일하고 반란을 미연에 방지하기 위해 무기를 몰수했다. 나아가 정치를 비판하는 유가들의 책을 모아 불사르고 유생들을 생매장했다. 장대한 능묘와 궁전을 짓기 위해 많은 사람들을 징발했고, BC 214년에는 광둥 · 광시 지방과 베트남 북부를 정복했으며 흉노를 정벌하기도 했다.

또 조(趙)와 연(燕)의 장성을 수축, 증축해 만리장성을 쌓았다. 이렇게 해서 진 대에 설정된 중국 국경은 후대에 이르러서도 중국의 신성한 국경으로 여겨졌다. 차이나(China)라는 영어 이름도 진(Chin)에서 기원한 것이다. 이처럼 계속되는 대규모 공사와 정복전쟁으로 농민들 사이에 불만이 고조되어 시황제 사후 농민 반란이 일어나고 반진(反秦)세력이 봉기하는 등 국운(國運)이 급격히 쇠퇴하기 시작하다가 BC 206년 유방(劉邦)과 항우(項羽) 등의 연합세력에 패하여 결국 진은 멸망했다.

항우를 물리치고 패권을 차지한 유방(한 고조)은 BC 202년 한(漢)을 세웠다. 진이 엄중한 법치주의를 채용해 실패했던 것을 감안해 법제를 늦추고 부분적으로 봉건제를 부활해 군현제와 병용하는 이른바 군국제(郡國制)를 실시했다. 한의 제7대 황제 무제(武帝: BC 156~87)는 중앙집권제를 확립하고, 유교를 관학으로 정해 정치체제의 표본으로 삼았다. 이 체제는 그 후 2,000년간 중국의 각 왕조에 의해 받아들여졌다. 한 대에는 종이와 지진계의 발명 등 여러 가지 과학적인 진보가 이루어졌다.

AD 220년 한이 붕괴하자 혼란과 분열의 시기가 뒤따랐는데, 이 시기를 위진남북조시대(魏晉南北朝時代) 또는 육조시대라고 일컫는다. 군벌이 들끓었고 화북 지역은 다수의 비한족(非漢族) 침입자들에게 유린당했다. 이 시기에 불교가 중국 남부와 북부에 전파되었다.

뒤이어 수(隋: 581~617)가 중국을 재통일했다. 수는 중요한 행정개혁을 이루었으나 무모한 군사적 원정을 계속해 그 부담을 이기지 못하고 단명으로 끝났다.

618년 수를 이어 당이 들어섰다. 당은 과거제를 통해 등용된 인재들을 폭넓게 활용해 전문 관료제도의 전성기를 구가했다. 대외적으로는 동돌궐, 투르판, 철륵(鐵勒), 서돌궐을 차례로 격파하고 토번(吐蕃)을 정복하는 한편 서역의 요지에 전진기지를 설치하는 등 한 대 이래 보기 드문 위세를 과시했다. 그러나 후기에 들어 환관의 전횡 등으로 국력이 쇠하고, 크고 작은 병란과 민란이 일어났다. 당이 붕괴되자 또 다른 분열기(907~960)가 시작되어 군벌 간의 전쟁이 끊이지 않았다.

960년 송이 70년 만에 전국을 통일했다. 송은 문치주의(文治主義)를 채택해 문관관료 정치기구를 확립했다. 그러나 국초 이래의 문치주의는 한편으로 군대의 약체화와 조정 대신들 간의 당파싸움이라는 폐단을 낳았다. 내치(內治)와 외교상의 폐해가 누적되어 힘이 약해진 송은 1127년 여진족이 세운 금(金)의 침입을 받아 수도를 남부로 옮겨야 했다. 양쯔강 이남에 자리 잡은 남송은 북송 때보다 국토가 반으로 줄었으나 경제력 면에서는 북송시대를 능가했다. 남송은 1279년 몽골족이 세운 원에 의해 멸망했다.

근대사

원은 킵차크 · 차가타이 · 오고타이 · 일의 사한국(四汗國)을 포괄하는 몽골제국의 종주국이고 중국 전통을 이은 정통왕조로서 세조 쿠

빌라이 칸이 처음 세웠다. 황해에서 중앙아시아에 이르는 광대한 제국을 다스렸으나 중국의 문명·제도에 완전히 동화되지 못했다. 거대한 중국 대륙 전체를 지배하게 된 원은 소수의 지배 민족이 인구나 생산력 면에서 훨씬 우세한 피지배 민족을 다스리기 위해 엄격한 민족차별정책을 취했다. 원은 계속해서 한족을 차별해 스스로 고립의 길을 걸음으로써 1368년 한족이 세운 명에게 개국 98년 만에 타도되었다.

명도 원 대의 이민족제도를 폐지하고 중국 고유의 제도로 돌아간다는 복고주의적 방침 아래 적극적으로 내정개혁에 착수했다. 명조는 이러한 개혁을 통해 중화사상이 더욱 강화된 중앙집권으로 군주독재 체제를 확립했다. 전제적인 명 대에 들어와 반외세 감정이 절정에 달했는데 사실상 중국은 세계 각지의 세력과 담을 쌓는 쇄국정책의 길을 걸었다. 이 때문에 사적인 해외무역과 해외여행은 엄금되었다.

1644년 만주를 근거지로 하는 만주족(옛 이름은 여진족) 왕조인 청이 쳐들어와 중국을 점령함으로써 중국은 다시 한 번 비한족의 통치를 받게 되었다. 청은 만주와 중국의 문명을 함께 섞어가며 그 영토를 크게 넓혔다. 그러나 왕조의 힘이 조기에 쇠진한 데다 해외 중상주의(重商主義) 국가들의 끊임없는 통상 압력으로 청조의 운명도 오래가지 못했다.

청말 이후 현대사

혼란스러운 청말에서 2차 세계대전까지

19세기는 중국에게 비운의 연속이었다. 아편전쟁(1839~1842), 태평천국운동(1851~1864), 청일전쟁(1894~1895)에 이르기까지 청조는 외세의 침략을 그대로 방치해 점점 더 국가에 대한 통제력을 잃어갔다. 1898년의 변법자강운동은 청 정부에 어떠한 변화의 바람도 가져오지 못했으며, 1900년의 반외세 · 반그리스도교를 표방한 의화단 사건은 열강의 군대가 중국 땅에 진주하는 계기가 되었다.

청조는 1911년에 붕괴되고 쑨원(孫文)의 지도 아래 공화정부가 들어섰다. 그러나 정치적인 배신과 지역 군벌주의로 인해 공화국은 곧 산산조각이 나고 말았다. 쑨원이 이끄는 국민당은 중국을 재통일하려고 노력했다. 1920년대에는 장제스(蔣介石)의 노력 아래 중국공산당과 소련의 지원을 받아재통일을 이룰 수 있었다.

당시 중국을 둘러싼 혼란스러운 지정학적 상황은 장제스가 중국을 통일된 근대적인 국가로 발전시킬 만한 시간적 여유를 허락하지 않았다. 청일전쟁과 러일전쟁의 연이은 승리와 대만, 조선의 식민지화를 통해 동아시아 지역 최강대국으로 떠오른 일본이 중국의 영토인 만주까지 장악하며 중국에 엄청난 안보적 압박을 가해왔기 때문이다. 1928년 북벌 종료부터 1937년 중일전쟁까지 장제스에게 주어진 시간은 10년에 불과했다. 하지만 그것도 위에서 얘기했듯이 반독립국이나 다름없던 각 지역의 군벌과 공산당의 반항과 저항에 대항하느라 전국적 규모의 국가발전에 온전히 매진하는 것은 그에게 언감생심이라 할 만한 일이었다.

결국 동아시아의 최강국으로 떠오른 일본의 전면적인 침략으로 중국은 국토의 핵심 지역을 거의 상실한 채 다시 8년간의 항전에 몰두하게 되었다. 그리고 그 후 중일전쟁이 2차 세계대전으로 확대된 덕에 미국 등 동맹국의 도움으로 중국은 간신히 침략전쟁에서 승리를 거두게 된다. 이는 중국에게 있어 청일전쟁으로 몰락한 후 실로 반세기 만의 첫 승리였다.

공산당의 시작과 집권

하지만 8년간의 전쟁으로 이미 기력을 상실한 국민당은 고질적인 부패와 무능으로 점차 집권 기반을 상실해가고 있었고, 중일전쟁으로 멸망 직전에 살아난 공산당은 토지개혁이라는 무기로 농민들의 절대적 지지를 얻으며 이미 국민당과 천하를 다툴 정도로 크게 성장한 상태였다. 결국 형식적인 평화협상이 이어진 끝에 발발한 국민당과 공산당 간의 전쟁은 다시금 중국을 3년간의 내전 상태로 몰고갔다. 그리고 공산당의 최종 승리와 중화인민공화국이 성립한 1949년 가을이 되어서야 청나라 멸망 후 반세기 가까이 지속된 중국 내부의 정치적 분열상황이 드디어 그 끝을 보게 되었다.[2)]

분열되어 있던 국가의 통일은 중국에게는 거의 반세기 만에 지속적 발전과 국력 신장을 이끌어줄 안정적 정치환경을 마련해주었지만 지정학적으로는 유럽에 이어 동아시아에서도 냉전을 초래하는 결과를 낳았다. 일본과의 전쟁에서 승리한 미국은 일본을 대신해 동아시아에서 지배적 패권자의 위치에 오르는 것이 순리였으나 2차 대전 당시 동아시아 핵심 동맹국이었던 중국에서 친미적 우파 정권인 국민당이 패배함으로써 중국공산당이 쌓은 죽의 장막 앞에서 좌절을 겪었다.

그리고 결정적으로 한국전쟁에서 두 나라가 정면으로 맞붙고 이에 대한 앙갚음으로 미국이 중국공산당의 통일 시도로부터 대만을 보호하기 위해 대만해협에 항공모함을 파견하자 미중관계는 돌이킬 수 없는 단절과 적대로 이어지고 말았다. 이로써 중국은 이제 반세기 동안 꿈꿔왔던 오랜 꿈인 중화의 부흥을 서방의 어떠한 지원 없이 공산진영의 종주국이자 냉전의 핵심 동맹인 소련과 인민들의 자력갱생만

---

2) 중국의 꿈, http://blog.naver.com/aahbee

으로 이룩해야 하는 처지에 놓이게 되었다.

마오쩌둥의 시대

15년간 중국공산당 최고 지도자로서 온갖 절체절명의 위기와 무수한 장애물을 뛰어넘은 극적인 승리로 공산당의 천하통일을 이룬 마오쩌둥에게 중화의 부흥은 오로지 인민의 혁명적 의지만 유지한다면 의지만으로도 충분히 이룰 수 있는 얼마든지 성취 가능한 꿈이었다. 마오쩌둥에게는 공산주의와 혁명적 의지야말로 중국이 다시 부활하고 강대국으로 서서 예전 중화의 자존심을 다시 세울 수 있는 가장 효과적인 수단이자 방법이었다. 단기간에 극적으로 미국과 전 세계의 패권을 다투는 초강대국으로 발전한 소련과 가난하고 변변치 못한 게릴라 세력에 불과한 중국공산당이 객관적인 전력상 압도적으로 강했던 국민당을 이긴 것은 그의 생각이 옳다는 사실을 증명하는 강력한 예시였다.

지정학적으로 안보가 위기에 처한 상황에서 혁명전쟁 시기에 특유의 유연한 전술적 판단력을 발휘한 마오쩌둥은 자기 인생 최후의 시점에 국익을 위한 외교 · 안보적 결단을 하게 된다. 전격적인 관계 정상화를 통해 미국과 비공식 동맹을 맺고 동아시아에서의 대소련 국제적 연합 전선을 구축한 것이다. 1972년 닉슨 대통령과 키신저 장관이 전격적으로 중국을 방문해 이루어진 미국과의 대소련 비공식 동맹은 당시 중국 북방 지역에 가해지던 외교·안보적 압박을 크게 감소했을 뿐만 아니라 이후 중국의 기적적인 경제성장과 산업화에도 결정적인 기반을 제공해주었다.

미중관계를 정상화하겠다는 결단은 마오쩌둥이 집권한 이래 자신의 조국을 위해 내린 획기적이고 역사적인 정책 변경이었다. 또한 미중관계의 정상화는 중국뿐 아니라 추후에 미국에게도 매우 긍정적인 영향을 끼침으로써 20세기 외교사에 대표적인 성과이자 윈윈 사례로 꼽힌다. 미중관계가 정상화되고 얼마 지나지 않아 26년간 중국의 황제이자 살아 있는 신으로 무소불위의 권력을 휘두르던 마오쩌둥은 결국 사망한다. 그리고 당시의 시대적 사명이자 시대정신이던 중국의 전면적 개혁개방이라는 역사적 과제는 오랜 기간 인내하고 기다려오다가 마침내 권력을 장악한 덩샤오핑의 수중에 떨어지게 되었다.

덩샤오핑의 시대

덩샤오핑이 집권한 후 도시와 농촌 두 개 영역에서 동시에 추진한 시장경제의 도입은 마오쩌둥이 죽기 전에 결단한 미중관계 회복이 아니었다면 사실 그렇게 큰 탄력을 받지 못했을 것이다. 미중관계의 정상화로 중국은 당시 전 세계에서 가장 발달해 있는 서방 진영과 정상적으로 교류하고 무역을 할 수 있는 연결 고리를 만들게 되었다. 이러한 고리를 통해 이루어진 투자와 기술 도입, 인재 유학, 최신 학문 교류로 중국은 청조가 멸망한 이후 70년 만에 마침내 산업화와 경제발전에 전력 매진하는 첫걸음을 뗄 수 있었다. 쑨원, 장제스, 마오쩌둥 같은 중국 현대사의 거인들도 모두 실패한 현대 중국의 부국강병의 길을 드디어 덩샤오핑 때에 착수할 수 있게 된 것이다.[3)]

당시 덩샤오핑이 추진한 개혁개방은 미중관계의 정상화를 전제하지 않으면 실행이 불가능했을 정도로 대미관계가 중국 산업화와 경제발전에 핵심적인 역할을 하였다. 중국은 미국과의 비공식 동맹으로 소련의 안보 위협에 대한 부담을 덜고 국가 자원의 대부분을 경제발전 부문에 배치할 수 있었고 미국 등 서방에게 받은 투자에 힘입어 생산한 물품을 다시 서방에 수출함으로써 외화를 축적해 국가발전의 소중한 밑천을 마련할 수 있었다.

또한 서방에서 받은 투자와 활발한 인적 교류를 통해 서방의 앞선 학문과 기술 수준을 흡수해 국가 산업화의 기틀을 마련할 수 있었다. 중국은 이러한 무수한 이득을 얻는 대신 동아시아에서 미국을 도와 대소련 동맹의 한 축을 담당하며 마오쩌둥 시절부터 중국공산당의 공식 외교 노선인 공산주의의 세계 확산이라는 오래된 노선을 공식적으로 폐기하였다. 그리고 동아시아 지역에서 미국의 패권을 인정하고 그 앞에서 수그림으로써 중화의 부흥이라는 1세기 넘은 민족적 염원은 잠시 마음 한쪽에 간직한 채 보류하게 되었다.

한편 미국은 중국을 자기편으로 끌어들임으로써 사실상 동아시아에서 냉전을 끝냄과 동시에 동아시아에 강력한 대소련 전선을 구축하

3) ibid.

였고 이는 추후 미국의 최종적 냉전 승리에 크게 기여하게 된다. 또한 중국을 최종적으로 서방으로 끌어들임으로써 이후 30~40년간 이어진 미국의 동아시아 패권의 기틀을 마련하고 중국과 일본 사이의 교묘한 라이벌 의식을 이용한 등거리 외교를 통해 이 지역에서 흔들림 없는 미국의 지위를 공고하게 만든다. 아울러 1970년대 말 개혁개방정책과 함께 미국과의 본격적인 협력을 통해 중국은 이후 약 30년간 역사상 가장 크고 빠른 속도로 산업화를 성취하였다. 그리고 미국은 10여 년 후 소련 연방의 해체와 함께 냉전의 최종 승자로서 전 세계적으로 유일하게 패권을 달성하게 된다.

덩샤오핑 이후

1997년 2월 19일 덩샤오핑이 사망하고, 그 해 7월 1일 홍콩이 영국에서 중국으로 반환되었다. 이는 1842년 난징(南京) 조약으로 홍콩이 영국에 할양된 이후 155년, 1898년 조차되고 99년 만의 일이었다. 중국은 홍콩을 특별행정구로 지정하고 초대 행정장관에 둥치화(董建華)를 임명했다. 1999년 12월 20일에는 마카오가 포르투갈에서 중국으로 반환되었다. 이로써 중국은 유럽 국가에게 빼앗긴 땅을 모두 회복하게 되었다. 중국은 여기에 그치지 않고 2001년 WTO 가입과 2008년 하계 올림픽 대회 유치를 이루어냄으로써 강대국으로 급속히 발돋움했다. 그리고 그 사이 미중 간에는 천안문 사태에서 촉발된 중국 내

인권문제, 티베트 독립문제, 대만해협 갈등문제 등이 간헐적으로 불거졌지만 중국은 자국의 주권 사항인 이러한 이슈에 대한 미국의 적극적인 공세와 비판에 대해 대부분 수세적으로 반응했을 뿐 미국과 전면적으로 갈등하거나 대립하는 일은 애써 회피하였다.

덩샤오핑의 후계자들은 덩샤오핑이 내세운 도광양회(韜光養晦)라는 외교 방침에 철저히 따르며 갈등을 애써 피하고 조용히 힘을 기르는 데 온 힘을 쏟았다. 냉전 종식 후 미국의 세기가 되고 유일 패권국인 미국이 테러와의 전쟁을 명목으로 불량 국가를 상대로 일방적인 전쟁까지 벌이는 와중에도 중국은 참을성 있게 주변국에 평화로운 이미지를 최대한 어필하며 경제성장과 외환 보유고 축적에 묵묵히 매진했다. 이처럼 중국이 조용히 부상하자 서방에서는 중국이 난폭한 패권 추구 국가가 될 것이라고 경계하고 의심하는 사람들이 늘어났지만 중국은 항상 기회가 있을 때마다 자신들은 오로지 평화와 번영만을 지향할 것이라는 식으로 해명하며 서방 일각에서 제기되는 중국 위협론을 불식하기 위해 안간힘을 썼다. 그리고 9 · 11테러 이후 미국이 온 관심을 중동의 불량 국가에 쏟는 동안 중국은 꾸준히 성장하였고, 2008년 금융위기가 터지자 드디어 오랜 기간 지속되었던 상황이 일변하였다.

2장

중국 최고 지도자들의 리더십

개괄

시진핑의 리더십과 더불어 중국 지도자들의 리더십이 주목을 받고 있다. 시진핑의 리더십은 시진핑 개인의 리더십만은 아니다. 시진핑의 리더십은 멀게는 중국 지도자들의 리더십을, 가깝게는 중국공산당 지도자들의 리더십을 계승하고 발전시킨 것이다. 중국의 정치 리더십이 주목받는 이유는 다른 사회주의 국가에서는 찾아보기 어려운 창조성과 실천성 때문이다. 번스가 지적했듯이 중국혁명의 리더십은 효율적으로 실천할 수 있을 뿐만 아니라 이론적으로는 아주 독특한 특징을 지니고 있다.

마오쩌둥은 마르크스 · 레닌주의를 받아들여 사회주의 혁명을 일으켰으면서도 수단이나 전개 방향은 전혀 달랐다. 중국혁명의 중심에 섰던 마오쩌둥은 프롤레타리아 혁명의 정신만 빌렸을 뿐 실제로는 농민혁명으로 반봉건 반제국주의 혁명에 성공했다. 개혁개방정책을 추진해 자본주의 시스템을 성공적으로 접목한 뒤에도 중국은 사회주의의 기본 틀은 그대로 유지하고 있다. 중국은 오히려 사회주의의 우수함을 보여주기 위해 시장경제 요소를 도입했을 뿐이라고 옹호하고 있다.

중국 최고 지도자들의 리더십

중국 특색의 정치 리더십을 살펴보기 위해서는 중국 최고 정치 지도자 모두가 진체주의 리더십을 지니고 있다는 것을 전제로 지도자 각자가 혁명 리더십과 개혁 리더십 중 어디에 속하는지 그리고 정책 과제를 수행하는 데 있어서는 어떤 리더십 유형을 보이는지 이해하는 것이 중요하다. 중국 최고 정치 지도자들의 리더십 유형을 고찰한 결과 중국 정치의 전개 과정은 이념, 즉 이데올로기와 전문성의 순환으로 이루어졌다는 점을 알 수 있었다.

중화인민공화국이 성립한 이후에 펼쳐진 정치사회 개혁이나 사상개조, 대약진운동, 문화대혁명 등은 모두 이념을 중시한 마오쩌둥 시대의 산물이다. 그런가 하면 덩샤오핑은 실용주의와 전문성에 무게를 둔 지도자이다. 그는 집권 이후 사상해방을 외치며 마오쩌둥 노선과 결별하고 생산력을 발전하게 만드는 데 매달렸다. 정책의 무게 중심도 개혁개방과 선부론으로 전환했다. 장쩌민 시대는 덩샤오핑에 이은 위기관리형 과도정권이었던 만큼 정책 노선도 전문성을 중시하며 기존의 개혁개방정책을 더욱 확대하고 심화하는 것이 정책의 주안점이었다. 특히 과거에는 타도 대상이었던 사기업가를 끌어안는 3개 대표론은 노동자와 농민 외에 사실상 자본가까지 공산당에 가입을 허용하는 조치로 오히려 덩샤오핑보다 더욱 전문성에 가까운 입장이었다.

장쩌민에 이어 중국의 최고 지도자로 등장한 후진타오는 선부론으로 대표되는 불균형성장정책을 던져버리고 성장과 분배를 동시에 실현할 수 있는 질적 성장으로 방향을 선회했다. 후진타오는 마오쩌둥이 추진한 이념(紅)과 덩샤오핑, 장쩌민의 전문성을 모두 취한 혼합형으로 볼 수 있다. 역대 지도자들의 이 같은 이념 변천은 경제발전정책에도 반영돼 균형(마오쩌둥)에서 불균형(덩샤오핑-장쩌민)을 거쳐 균형정책(후진타오) 순으로 변증법적인 수렴 현상을 보이고 있다.

마오쩌둥

중국혁명의 아버지로 일컬어지는 마오쩌둥은 중국 후난에 있는 농촌마을 출신이다. 마오쩌둥은 집안일을 거들기를 원하는 아버지의 뜻을 거스르고 대도시로 나가 중등학교 과정을 마치고 양창지와 리다자오 등의 지도자를 잇따라 만나면서 반봉건 반제국주의의 도탄에 빠져 있는 중국을 구하기 위한 혁명정신을 배우게 된다. 그는 러시아 혁명의 영향을 받아 대중운동만이 정치적 변혁의 실현을 보증하는 힘의 원천이라고 확고히 믿게 됐고 마르크스주의가 역사에 대한 정확한 해석이라는 확신을 갖기에 이른다. 고향인 후난 일대에서 저작 활동과 잡지 발간을 비롯한 계몽운동에 매달리던 마오쩌둥은 1921년 7월 상하이에서 열린 중국공산당 제1기 전국대표대회에 참가하면서 본격적인 혁명가의 길을 걷게 된다.[4)]

마오쩌둥은 마르크스·레닌주의 혁명이론이 중국의 현실에 맞지 않다는 인식을 하면서 농민으로 눈을 돌려 농촌에서 도시를 포위하는 혁명전략을 세웠다. 그는 국민당에 쫓겨 대장정에 들어가는 숱한 어려움을 겪은 끝에 1949년 중화인민공화국 건설에 성공한다. 그는 이 과정에서 자신이 체계화한 신민주주의론을 내세워 1단계로 반식민지·반봉건 상태에 놓여 있는 중국을 독립된 민주주의 사회로 개조한 뒤 2단계로 혁명을 더욱 발전시켜 사회주의 사회를 건설하는 방안을 제시했다.

건국 초기부터 토지개혁과 주요 기간산업의 국유화 등 사회주의 개조운동을 강력하게 밀어붙였고 계속해서 혁명론을 내세우며 사상개조운동도 지속적으로 벌였다. 이 과정에서 중국식 독자경제 모델로 추진한 대약진운동과 인민공사화운동이 실패로 돌아가자 한때 류사오치, 덩샤오핑 등에게 경제조정정책을 펴면서 실패를 만회하게 했지만 사회주의의 근저가 흔들릴 것을 우려해 이러한 노선을 수정주의라고 비판하며 문화대혁명을 전개했다. 그렇지만 '문화' 혁명이라는 구호와 달리 유능한 지식인들을 반동으로 몰아 박해하거나 죽음으로 몰고 감으로써 오히려 문화 암흑기를 초래하는 역효과를 낳았고 민생은 극도의 도탄에 빠졌다. 이러한 내용을 볼 때 마오쩌둥의 리더십은 전형적인 혁명 리더십이면서 업무형태로 보면 그는 창업자형에 가까운 지도자로 분류할 수 있다.5)

---

4) 이승익, "당대 중국 최고 정치 지도자들의 리더십 유형연구", 계명대학교 대학원, 박사학위 논문, 이승익, 2010, 200

5) ibid., 201.

덩샤오핑

마오쩌둥의 뒤를 이어 등장한 덩샤오핑은 비교적 유복한 가정환경 덕분에 프랑스로 유학가기 전까지는 그다지 혁명가로서의 기질을 보이지 않았다. 그는 고향에서 중학교를 마치고 열여섯 살에 이른바 근공검학(勤工儉學)으로 불리는 프랑스 유학길에 오르면서 한편으로는 서구 선진제국의 기술력과 자본력에 압도되면서도 다른 한편으로는 중국인 노동자로서 받았던 학대와 수모를 통해 노동자들을 착취하는 자본주의에 대한 증오를 키웠다. 그 후 러시아 유학을 거쳐 중국에 돌아온 덩샤오핑은 1927년부터 상하이에서 지하당 활동에 동참하는 것을 시작으로 본격적인 혁명가의 길을 걷게 된다.6)

1976년 마오쩌둥이 사망한 뒤 실권을 장악한 덩샤오핑은 계급투쟁

6) ibid.

대신 경제재건의 길을 선택했다. 그는 마오쩌둥의 좌경 노선과 결별하고 '개혁개방의 설계사'로 변신했다. 덩샤오핑은 '하나의 중심(경제건설), 두 개의 기본점(개혁개방과 네 개 기본 원칙의 견지)'을 기반으로 하는 중국식 사회주의를 주창하며 안으로는 도시와 농촌의 경제개혁에 나서고 밖으로는 항구도시에 대외경제특구를 설치해 외국자본, 기술, 경영기법을 도입하는 대외개방정책을 지속적으로 확대했다.

그 결과, 중국 경제는 선부론(先富論)으로 상징되는 불균형발전정책과 각종 인센티브 제공 등으로 비약적인 성장을 했다. 중국의 국내총생산(GDP)은 1978년 3,624억 위안에서 1980년 4,517억 위안으로 급증했고 다시 1995년에는 5조 8,478억 위안으로 급증하는 등 연평균 10퍼센트 안팎의 높은 성장률을 기록했다. 또 개혁개방 이전에 미미하기 그지없던 중국에 대한 외국인 투자도 1997년에는 452억 달러로 400억 달러를 훌쩍 넘어섰다. 갈수록 증가하는 인민의 물질적 욕구와 낙후된 사회 생산력 간의 모순을 해소하기 위해 추진했던 개혁개방정책은 큰 성과를 거두었지만 동시에 빈부격차와 부정부패 등 다양한 문제점을 양산했다.

덩샤오핑은 비혁명적 수단으로 중국 사회를 변혁한 개혁 리더십의 소유자로 분류할 수 있으며, 승부사형 리더에 가깝다고 할 수 있다. 마오쩌둥이 마르크스·레닌주의를 중국화했다면 그는 사회주의 이념을 구현하기 위한 수단으로 시장경제 요소를 도입하는 모험을 감행했는데, 결과적으로 체제를 유지하면서 생산력 증대를 꾀하는 성과를 거둘 수 있게 된 것이다. 덩샤오핑은 리더십을 행사하는 방식도

'자신이 정치무대 전면에 나서서 직접 통치하기보다 항상 배후에서 조정자 역할을 충실히 한 것'이 특징으로 꼽힌다.[7]

7) ibid.

장쩌민

장쩌민은 1926년 장쑤성 양저우시에서 태어났다. 그는 어려서부터 악기에 능하고 외국어 공부를 좋아했으며 중학생 때 공산주의청년단에 몰래 입단해 지하 학생운동을 벌인 경력이 있다. 여기에 항일운동을 하다 숨진 숙부 장상칭의 양자로 들어가면서 '혁명가 가문'의 후예라는 배경까지 갖게 됐다. 대학을 졸업하고 식품회사에서 일하면서 능력을 인정받아 공업계 엘리트로 부상했고, 상하이 인민대표회의에 참여하면서 본격적으로 영향력을 확대해나갔다. 이후 양아버지의 혁명 동지였던 왕다오한 등의 후원에 힘입어 1980년대에는 전자공업부 부장에 이어 상하이 시장을 지냈다. 당시 중국의 최고 실력자였던 덩샤오핑은 톈안먼 사태 후 혼란에 빠진 중국의 정치 안정을 가져올 수 있는 새로운 구원투수로 그를 선택했다. 그가 상하이 시장으로 재직할 때 보여준 혼란수습 능력을 높이 산 때문이었다.

장쩌민은 덩샤오핑의 개혁개방정책을 더욱 확대해 추진했다. 기업 자주권의 확대와 더불어 상품시장과 금융시장 육성 등 경제개혁조치를 잇따라 시행했다. 대외개방에도 가속도를 내 초기 동부 연해 지역을 우선 개방하는 전략에서 4연(沿) 개방 등으로 상징되는 내륙으로 개방 범위를 넓혀 이들 지역에 중앙정부 재정지원과 건설투자를 집중했다. 장쩌민 집권기에 무엇보다 주목할 대목은 3개 대표론이다. 중국공산당은 선진 생산력의 발전 요구를 대표하고, 선진문화의 발전 방향을 대표하며, 광대한 인민의 근본 이익을 대표해야 한다는 의미로 중국의 경제발전에 중요한 역할을 하는 사기업가 등 새로운 사회계층에도 당을 개방해야 한다는 내용의 획기적인 선언이었다.[8)]

장쩌민은 전형적인 과도기 지도자이다. 리더십 유형으로 보면 개혁적 리더십에 가까운 모델이며, 동시에 조정자형 리더의 성격을 지니고 있다. 그는 국가나 정부조직 안팎의 갈등이나 긴장관계 등을 조정하고 해결하는 능력을 발휘해야 하는 일종의 과업 지향 리더였는데, 덩샤오핑이 물려준 경제유산을 발전시켜나가면서 이에 걸맞은 정치적 발전을 이끌어 중국 특색의 사회주의를 심화하는 성과를 냈다.

---

8) ibid., 203.

후진타오

1942년 상하이에서 태어난 후진타오는 우수한 학생들이 모이는 타이저우에서 중·고교 시절을 보낸 뒤 명문 칭화대학교 수리공정학과를 졸업했다. 대학 2학년 때 궁칭퇀에 입당해 미래 정치행로의 발판을 마련했다. 그는 문화대혁명을 거치면서 정치 소용돌이에 휘말려 곤욕을 치렀고 하방운동(당·정부·군 간부들의 관료화를 막기 위하여 낙후된 지방의 농촌이나 공장으로 보내 일하도록 한 운동)이 전개되자 1968년 중서부 극빈 지역 가운데 하나인 간쑤성으로 가서 수력발전부 댐 건설현장 기술자로 일했다.

그 후 후진타오는 특유의 성실함과 친화력으로 건설현장에서 능력을 인정받아 당 사무간부로 발탁됐고 덩샤오핑의 젊은 인재육성정책과 그를 아낀 쑹핑의 도움에 힘입어 1980년에는 일약 간쑤성 건설

위원회 부주임으로 파격적인 승진을 거듭했다.[9] 후진타오는 궁칭퇀 1, 2서기를 지내고 1985년 마흔두 살의 나이로 전국 최연소 지방성 공산당 서기로 구이저우성에 부임해 경제개혁을 추진하다가 1988년 말 티베트 자치구 당서기로 자리를 옮겼다. 그는 이곳에서 티베트인들이 대규모 도심시위를 벌이자 국무원에 계엄령 실시를 요구하고 직접 시가지를 순찰하며 봉기 진압을 지휘했다.

이를 통해 후진타오는 문관 출신이라는 유약한 이미지를 벗고 위엄 있는 전사의 모습을 선보이며 당 중앙 지도자들에게 강인한 인상을 심는 데 성공했다. 덕분에 그는 1992년 중앙정치국 상무위원으로 화려하게 중앙 정치무대에 복귀했고 2002년 제16차 전국대표대회에서 총서기에, 2003년 제10기 전국인민대표대회에서 국가주석에 취임하면서 중국 최고 권력자로 올라섰다.

후진타오는 최고 권력자가 된 뒤 지속적인 발전을 강조하되 사회적 불평등과 양극화 현상을 완화하는 것을 최우선 과제로 상정했다. 이를 위해 조화사회(和諧社會. 인간과 인간, 인간과 자연이 조화롭게 공존하는 사회)의 건설을 새로운 국정 목표로 설정하고, 그 수단으로 과학적 발전관을 제시했다. 그는 덩샤오핑의 선부론을 사실상 폐기하고 공동부유(共同富裕)전략으로 전환해 농촌문제의 해결과 서부대개발에 대대적인 투자를 하는 동시에 지방의 직접선거 확대와 정치협상제도를 비롯한 정치개혁에도 적극성을 보였다. 그리고 밖으로는 그동안 축적한 부를 바탕으로 해외자원 확보와 경제 및 정치적 발언권 확대, 나

---

9) ibid.

아가 군사 분야를 포함한 부국강병정책을 추진하기에 이르러 중국 위협론을 야기했다.10)

후진타오는 기존의 틀을 전부 바꾸는 혁명 리더십이 아니라 전임자들에게 물려받은 유산을 활용해 자신의 통치철학을 완성하고 실천하는 데 탁월한 능력을 보이고 있어 개혁 리더로 분류할 수 있다. 또한 다른 각도에서 보면 그는 해결사형 리더로 볼 수 있다. 한편으로는 경제발전의 가속화를 추진하면서도 불균형적인 경제성장 과정에서 나타난 빈부격차와 부정부패, 농민문제 등 자신이 떠안은 부정적인 유산을 해결하는 일에 매달리고 있다는 것이 이러한 그의 리더십을 설명해주고 있다.

중국의 최고 정치 지도자들은 우선순위와 수단은 조금씩 달리했을지 모르지만 사회주의 혁명이라는 기본 틀에서 벗어나지 않는 뛰어난 자기교정 능력으로 중국 특색의 사회주의 구현이라는 공동 목표를 향해 나아갔다는 공통점을 지니고 있음을 알 수 있다. 그들의 리더십은 한마디로 변증법적인 창조성과 실천성의 산물이었던 셈이다.

그리고 마오쩌둥에서 후진타오까지로 이어지는 최고 지도자들의 정치 리더십 승계 과정을 살펴보면 중국의 정치 리더십은 법치(法治)보다는 후계자를 만들어가는 인치(人治)의 전통이 강한 특징을 지녔음을 알 수 있다. 혁명사업이 안정적으로 지속되기를 바라는 집권자들의 의지에다 중국의 오랜 전제군주정치의 영향으로 풀이하는 시각이 많다.

---

10) ibid., 204.

3장

시진핑과 중국

개괄

시진핑은 중국의 꿈을 역사의 무대 위에 막을 올리고 실천하는 중이다. 꿈은 나라의 원동력이다. 나라와 지도자에게 꿈이 없으면 그 나라의 미래는 흑암이고 나라와 지도자에게 꿈이 있다면 그 나라는 그 꿈만큼 발전한다. 중국에서는 중국의 꿈을 뜻하는 '中國夢' 세 글자가 뜨거운 화두다. 중국의 지도자 시진핑 국가주석은 제12기 전국인민대표대회 폐막연설에서 중화민족의 위대한 부흥이라는 중국의 꿈을 역설했는데, '중국몽'을 아홉 차례, '인민'을 마흔네 차례 언급했다. 그는 중국의 위대한 부흥을 실현하는 것이 중국 인민의 꿈이라 했다. 이를 통해 중국은 꿈을 꾸기 시작했다.

시진핑이 말한 중국몽은 먼저 국가적 통합이다. 중국의 꿈과 13억 중국 인민 개개인의 꿈은 다르지 않다. 인민 모두가 지혜와 역량을 모아 꿈을 실현하는 사회를 만든다. 한족과 소수민족, 연안과 내륙, 빈부 계층을 하나로 묶어낸다.

그리고 인민의 행복이다. 인민의 복을 짓는 것(爲人民造福)이 중국몽이다. 국가가 강해야만 인민이 부유할 수 있고, 민생이 안정적이어야만 국가가 강해질 수 있다. 공평한 소득분배와 전 인민의 행복경제를 실천한다. 다음으로 국가의 현대화이다.

중국몽은 1978년 개혁개방의 연장선상에 있다. 중국몽 실현의 제1단계로 2020년까지 중산층 사회를, 제2단계로 2049년까지 부강한 사회주의 현대화 국가를 건설한다는 목표를 세웠다. 또 하나는 강력한 군대다. 경제력에 기초해 현대화 군을 육성한다는 계획이다. 지난해 중국은 첫 항공모함인 랴오닝호를 실전에 배치했다. 수년이 걸릴 것 같던 항모 함재기의 이착륙에도 성공했다. 중국은 미사일, 사이버 전력 등 군사 분야에서 괄목할 만한 성과를 이루면서 군사강국으로 거듭나고 있다. 끝으로 중국의 초강대국화다. 지난 30여 년간 고속 성장을 바탕으로 G2(미 · 중 양강) 시대를 열었다. 중화인민공화국 건설 100주년이 되는 2049년에는 질적으로도 미국을 넘어 또 다른 G2(중 · 미) 시대를 열고자 한다.

시진핑의 등장

시진핑 삶의 궤적

시진핑은 1953년 6월 15일 중국 산시성 푸핑에서 태어났다. 그의 아버지는 덩샤오핑보다 더 확고한 개혁개방주의자이자 전쟁 영웅 펑더화이의 측근으로 알려진 시중쉰 전 국무원 총리다.

1962년 펑더화이가 실각된 영향으로 시중쉰이 산시성(陝西省)으로 좌천된 이후, 1969년 문화대혁명 때 많은 친구들과 마찬가지로 교육받은 도시 청년이었던 어린 시진핑은 산시성의 시골로 보내졌다. 그곳의 농업 공동체에서 시진핑은 7년 동안 육체노동을 했다. 이 시기에 특별히 지역 소작농들과 좋은 관계를 맺었으며, 그로 인해 중국공산당(Chinese Communist Party/CCP)에서 계급이 올라갈 때 명문가 출신의 시진핑은 그들의 신뢰를 얻는 데 도움이 되었다.

1975년 시중쉰은 복권되었고, 이와 함께 그의 가족은 베이징으로 돌아왔다. 이후 시진핑은 칭화대 공정화학과를 졸업하고 같은 대학에서 법학박사 학위를 받았다.

2000년 푸젠성 성장이 된 이후 저장성 서기 등 동부 연안 지방에서 지도자 경력을 쌓아온 시진핑이 중앙무대에서 부각된 것은 2007년 봄 상하이시 당서기였던 천량위가 비리 사건으로 낙마한 이후였다. 개혁 성향을 지녔던 아버지와 달리 시진핑은 신중함과 당의 정책 노선을 따르는 것으로 정평이 나 있었다. 상하이의 당서기로서 그는 도시의 재정적 안정과 재건을 정확히 홍보하는 데 많은 관심을 두었다. 그러나 시진핑은 2007년 10월 중국공산당 당 중앙위원회 정치국을 대표하는 9명의 상무위원 가운데 한 명으로 선출됨으로써 짧은 기간 동안만 상하이의 당서기에 머물렀다.

이후 시진핑은 후진타오(胡錦濤) 주석의 후임자가 되었다. 시진핑의 지위는 2008년 3월 중화인민공화국의 국가 부주석으로 선출되면서 더욱 확고해졌다. 부주석이 된 시진핑은 환경을 보존하기 위한 노력과 국제관계를 신장하는 데 힘을 쏟았다. 2010년 10월 시진핑은 중국공산당 중앙군사위원회의 부주석으로 임명되었고, 그로 인해 자신의 최종 승계에 대한 가능성을 더욱 강화했다.

시진핑의 부인인 펑리위안은 중국에서 모르는 이가 없을 정도로 유명한 가요계 스타다. 산둥성 출신인 펑리위안은 산둥예술학원을 졸업한 뒤 18세 때 인민해방군 총정치부 소속 가무단 단원으로 가요계에 데뷔했다. 그녀는 현재 중국 인민가수로 인민해방군 가무단장이다. 외동딸인 시밍쩌는 미국 하버드대학교에 입학해 재학 중인 것으로 알려졌다.

중국, 시진핑을 선택하다

월간 《경보》에 따르면 2007년에 전 국가 부주석 쩡칭훙은 이렇게 말했다.

"각 정파가 모두 받아들일 수 있다는 것은 정치적인 소양 중 하나로 당의 지도자를 선택하는 기준이기도 합니다. 이는 당내 민주화와 인민민주의 확대라는 시대적 요구에도 부합합니다. 과거 덩샤오핑이 장쩌민 전 주석에게 총서기를 맡기신 것도 장쩌민 동지에게 이 같은 정치적 자질이 있음을 확인하셨기 때문입니다. 시진핑이 바로 이에 걸맞은 후보입니다."

이 논리는 후계자 지명을 앞두고 권력 투쟁이 극도로 과열되던 당시에 공산당 간부들의 마음을 휘어잡았으며, 특히 원로 지도자급 인사들의 고개를 끄덕이게 만들었다.

'모든 정파가 받아들일 수 있는 인물'

이는 킹메이커 쩡칭훙이 시진핑을 차기 총서기로 밀면서 내세운 슬로건이다. 이는 당시 그리고 현재 중국 사회가 요구하는 정치적 자질이 무엇인지를 시사한다.

쩡칭훙은, 시진핑이 학식이 뛰어나고 리더십이 강하며 인격이 뛰어나다는 등의 장점이 있음에도 '모든 정파가 받아들일 수 있는 인물'이라는 점을 적극적으로 내세웠다. 모든 정파가 받아들일 수 있는 정치인이란 스스로 부단한 수양과 단련을 거쳐야 하고, 실제로 흔하지도 않다. 쩡칭훙의 발언을 곱씹어보면 '모든 정파가 받아들일 수 있는'이라는 요건은 시대의 맥을 정확히 짚고 있다는 것을 의미한다.

시진핑은 권력을 쟁취했다기보다 권력을 부여받았다. 그가 권력을 부여받기 위해 엄청난 노력을 해왔음은 두말할 필요가 없다. 시진핑은 자신의 의견 표출을 최소한으로 줄이고 상대방의 의견을 최대한 듣는 자세를 유지했다. 민감한 사안에 대해서는 자신의 의견을 내지 않고 당의 공식 입장이 나올 때를 기다렸다. 문제가 될 사안에는 속도전을 벌이지 않고 최대한 시간을 가지고 지켜보며 상황의 자연스러운 변화를 기다렸다.

또한 시진핑은 사람과의 관계를 중요시하며 상대방을 후하게 대하여 덕을 쌓았다. 그러면서도 어린 시절을 함께 보낸 태자당과 적당히 거리를 유지해 파벌을 만들지 않았다. 뿐만 아니라 말실수를 최대한 줄이고 구설수에 오르는 일을 원천봉쇄했다. 이와 같이 철저히 자기관리를 하는 것은 결코 쉬운 일이 아니다. 그로 인해 중국은 시진핑의 정치 인생을 높이 평가하고 차기 후계자 자리를 약속한 것이다.

굳은 의지의 화신, 시진핑

시진핑의 인생 궤적을 보면 그는 어린 시절부터 대단한 의지를 지닌 사람이었음을 짐작할 수 있다. 시진핑은 1982년에 허베이성 스좌좡시 정딩현으로 내려갔다. 안정적인 삶을 버리고 스스로 고난의 길을 선택한 것은 쉽지 않은 결정이었다. 당시 중국의 지방은 무척이나 낙후했고 삶은 고생스럽기 그지없었다. 자의로 지방으로 내려가겠다는 중앙관료는 매우 드물었다. 이를 통해 젊은 시절 시진핑의 정치적 포부가 컸음을, 그가 20년 후를 내다보고 있었음을 알 수 있다.

시진핑이 2007년에 상하이시 서기가 됐을 때의 행보를 통해서도 그의 꿈은 더 높은 곳에 있었음을 알 수 있다. 시진핑은 바짝 엎드려 자신을 낮추었다. 상하이시 서기에 취임한 후 최고급 사저를 둘러본 그는 "원로들의 요양원으로 적합하겠군요"라는 말을 남기고 서둘러 자리를 떴다. 자신의 전직인 저장성 서기직을 인수인계하기 위해 항저우로 떠날 때도 상하이시가 준비한 전용 열차를 마다하고 7인승 미니버스를 이용했다. 청렴함을 내보여 부패한 상하이시 공무원들에 경각심을 심어주고, 자신의 이미지를 높이기 위한 정치적 행동이었다. 또한 그는 상하이에서 사업을 하던 일부 직계 친족들에게 다른 도시로 떠날 것을 요구했다. 이 역시 철저한 자기관리였다. 이토록 자신을 억제하며 자기관리를 하게 만든 원동력은 불굴의 권력 의지였다.

시진핑은 일생을 자제하는 자세로 살면서 안으로는 칼을 갈았다. 그리고 일생의 목표였던 중국의 1인자 자리에 올랐다. 그는 자고 일어나니 유명해진 것이 아니다. 그는 일생을 연마하며 스스로를 갈고 닦은 사람이었다.

통합과 조정자를 선택한 시진핑

2002년에 임종을 앞둔 시중쉰 전 국무원 부총리가 슬퍼하는 아들 시진핑에게 말했다.

"일을 할 때는 실사구시, 사람을 대할 때는 후도관용을 지켜라. 이 두 가지만 잘 지키면 성공적인 삶을 만들어나갈 수 있다."

실사구시란 실용적인 자세로 일을 하라는 뜻이고, 후도관용이란 후덕한 자세로 관용을 베풀라는 뜻이다. 후도관용의 자세는 시진핑이 어려서부터 귀에 못이 박히게 들어온 말이고, 그의 일생 전체를 관통하는 철학이기도 하다. 그는 후덕한 외모에서 풍기듯 겸손하고, 타인의 이야기를 경청하며, 항상 화합을 강조한다. 좋아하는 역사적 인물도 진시황, 황무제, 당태종, 칭기즈칸과 같이 발군의 역량과 포효하는 카리스마를 지닌 위인들이 아니다. 그는 한고조 유방이나 촉한의 유비, 《수호지》의 송강처럼 인재들을 모아 하나로 단결하게 만드는 화합형 리더를 좋아한다.

그의 포용적 자세는 2008년 베이징 올림픽 총책임자 시절의 발언에서도 잘 드러난다. 당시 서구 선진국들은 중국의 인권문제와 신장 독립문제 등을 들어 중국을 압박했고 일부에서는 올림픽 보이콧 여론이 일었다. 시진핑은 세계의 비판 여론을 인정하며 이렇게 말했다.

"여러 새가 함께 있는 새장 속에서 한 마리 새가 시끄럽게 떠든다고 해서 그 새를 들어내버린다면 새장에는 활기가 사라집니다. 세계는 넓고 각양각색의 사람이 존재합니다. 우리는 하늘을 원망하거나 사람을 탓하지 않습니다. 방향이 정해지면 그저 우리의 길을 갈 뿐입니다."

그는 이렇게 화합의 자세를 기반으로 둔 리더로서의 굳은 심지를 드러냈다. 시진핑은 자신의 흡인력과 친화력을 바탕으로 인민들과 스킨십을 강화하는 데 많은 시간을 할애했다. 스킨십을 소재로 정교한 이미지 메이킹 작업을 하며 우호적인 민심을 조성했다. 스킨십에서 시진핑은 강점이 많다. 자연스러운 미소와 옆집 아저씨 같은 편안한 표정이 상대방에게 호감을 주기 때문이다.

시진핑이 시중쉰 전 부총리의 아들이라는 점은 그를 기억하는 노인층이나 장년층에게 어필하며, 그가 겪은 7년 동안의 하방 경험은 60대 중국인들과 감정적인 공감대를 형성한다. 그는 또 축구를 좋아하기 때문에 청년층과도 소통한다. 중국인들이 가장 좋아하는 운동은 단연 축구이다. 시진핑은 종종 "중국 축구에 대한 저의 세 가지 소원은 중국 대표팀의 월드컵 본선 진출, 중국의 월드컵 개최, 중국의 월드컵 우승입니다"라고 말하곤 한다. 그는 2008년 7월에 황다오에 있는 올림픽 경기장을 시찰하면서 킥 시범을 보이기도 했다.

시진핑의 중국의 꿈

중국의 꿈 시작되다

2012년 11월 공식적으로 출범한 시진핑 정부는 '중국의 꿈'을 대대적으로 알리기 시작했다. 먼저 그동안 중국의 꿈이 무엇이었는지를 대략 살펴보자. 덩샤오핑 시대에는 우선 문화대혁명 때의 악몽을 극복하고 먹고사는 것부터 해결하는 게 목표였다. 그래서 개혁개방을 시작한 것이다. 장쩌민 시대에는 '아시아 강대국'이, 후진타오 시대에는 '세계 강대국'이 꿈이었다. 그렇다면 시진핑의 '꿈'의 실체는 무엇일까?

1953년 출생인 중국의 제5세대 지도자 시진핑이 '중국의 꿈'이라는 국가발전 비전을 처음 제시한 것은 총서기 취임(2012년 11월 제18차 당대회) 후 보름 만에 '부흥의 길' 제하 전시회에서 행한 연설에서였다. 거기서 그는 "건국 100주년인 2049년에 국가 부강 · 민족 부흥 · 인민 행복에 주안을 둔 '중화민족의 위대한 부흥'이 가장 위대한 중국의 꿈"임을 천명했다. 이때부터 '중국의 꿈'은 시진핑의 개혁과 중국의 미래를 점칠 수 있는 핵심 키워드가 되었다. 그 꿈을 실현하기 위한 행보들을 되짚어보자.

중국의 꿈과 2단계 시간표

마오쩌둥(毛澤東 · 1893~1976년) → 덩샤오핑(鄧小平 · 1904~1997년) → 장쩌민(江澤民 · 1926년 출생) → 후진타오(胡錦濤 · 1942년 출생)로 이어지는 각 세대의 지도자는 독자적인 국정 지도사상을 제시해왔다. 그 사상은 지도자가 실권자의 위치에 오르거나 임기 종료를 앞둔 시점에서 당의 헌법인 당 규약에 향후 공산당이 엄수해야 할 항구적 지도이념으로 명시되었다.

시진핑이 주창한 '중국의 꿈'을 실현하는 것은 총서기 2기 임기인 10년 동안 강력히 추진될 것이다. 그리고 임기가 끝날 2022년 가을의 제20차 당대회에서 당의 지도이념으로 승격해 당 규약에 삽입될 것으로 보인다.

역대 공산당 지도이념

지도이념	당 규약 포함 시기	주요 내용
마르크스 레닌 주의	1945년 4월 제7차 당 대회	폭력 혁명을 통한 생산수단의 공유와 인민 민주독재의 실현
마오쩌둥 사상	1945년 4월 제7차 당 대회	사회주의 정부 수립 후에도 계급투쟁과 자본주의 복귀의 위험이 존재하기 때문에 혁명을 계속해 모순을 극복한다.
덩샤오핑 이론	1997년 9월 제15차 당 대회	자본주의 요소를 도입하기 위한 이론적 근거로 사회주의 초급단계론을 제시한다. 생산력이 낙후돼 상품경제가 발달하지 못한 중국이 사회주의 건설 과정에서 반드시 거쳐야 하는 특정 단계가 필요하다.
장쩌민의 '3개 대표' 주요 사상	2002년 11월 제16차 당 대회	공산당은 선진 생산력(자본가), 선진문화 발전(지식인), 광대한 인민(노동자 · 농민)의 근본 이익을 대표. 자본가의 공산당 입당을 가능케 해 당의 권력기반을 확장한다.
후진타오의 과학적 발전관	2012년 11월 제18차 당 대회	인간을 근본으로 사회의 조화를 이루면서 지속가능한 발전을 추구한다. 개혁 · 개방 이후의 폐해 해소에 주안을 둔다.

시진핑은 '중국의 꿈'을 실현하는 2단계 시간표를 제시했다. 기점은 아편전쟁(1840~1842년) 패배를 계기로 반식민지 상태에 빠졌던 중화민족의 좌절을 극복하고 개혁개방을 통해 명실상부하게 G2로 부상한 2010년이다.

중국은 GDP 규모가 1980년 1,894억 달러(세계 12위)에서 2010년 5조 9,266억 달러(세계 2위, 한국은 1조 145억 달러로 세계 15위)로 30년 만에 31.3배가 증가했으며, 30년간 연평균 경제성장률은 9.9퍼센트였다. 1인당 GDP는 1980년 205달러에서 2010년 4,394달러(한국은 2만 756달러로 세계 34위)로 21.4배가 증가했으며, 세계 순위는 1990년 125위, 2000

년 116위, 2010년 세계 중하위권인 92위로 도약했다.

1단계 목표 시점은 시진핑의 2기 임기 10년(2022년)이 끝나기 전인 2021년, 중국공산당 창건 100주년이 되는 해다. 2021년은 제16차 당 대회(2002년 11월)에서 결정한 '전면적 소강(小康, 의식주가 해결된 중등생활 이상 수준) 사회'가 실현되는 시점으로, 중국이 매년 7퍼센트 이상 성장한다면 1인당 GDP의 2010년 대비 배증 목표를 달성하고 GDP 총량이 미국을 추월할 것으로 예상되는 시점이기도 하다. 대외무역 총액은 이미 2012년에 미국을 능가했다.

2단계는 중국 건국 100주년 시점인 2049년이다. 태평성대나 선진생활 수준을 의미하는 '다퉁(大同)사회'에 진입하는 것으로, 시진핑 이후 제6세대와 제7세대 지도부가 달성해야 할 목표다.

2012년 · 2013년과 2020년의 경제사회 지표 비교

구분	2012년	2013년	2020년 (중앙재경영도소조 발표)
인구	13억 5,404만 명	13억 6,072만 명	14억 3,000만 명
GDP	51조 9,322억 위안 (8조 2,622억 달러)	56조 8,845억 위안 (9조 501억 달러)	100조 위안
1인당 GDP	6,102 달러	6,651 달러	1만 달러 이상
도시화율	52.57%	–	60%

중국의 꿈을 추진하기 위한 구체적 정책과 행보

중국의 꿈은 개혁개방 이후 심화된 빈부격차를 완화하고 중 · 하층

인민을 포함하는 모든 인민이 부유해지고 의료·교육 등 공공 서비스를 균등하게 누리고 이에 덧붙여 국가 보위를 위한 강군 목표를 달성하는 것으로, 곧 '부국강병'이다. 이러한 중국의 꿈은 단순한 구호가 아닌 시진핑 주도의 구체적 정책을 통해 실행되고 있는데, 그 스타일을 보면 장쩌민, 후진타오 등 선배 지도자들의 집권 초반 분위기와는 사뭇 다르다.

시진핑은 강력한 카리스마와 리더십이 돋보이고 정책의 주안점도 다르다. 강도 높은 공직기강 확립 캠페인을 전개, 허례허식을 과감히 철폐하는 '8개항 규정(八項規定)' 시행, 공무원 사회의 관료·형식·향락주의 및 사치 풍조 등 '4풍(四風)' 척결, '자아비판'을 통한 당내 모순 해결 지시 등이 잇따랐다. 이 때문에 그는 마오쩌둥의 대중 노선 및 유물을 수용했다는 평을 듣는다.

그리고 성역 없는 사정을 지속해 총서기에 취임한 후 2014년 2월 중순까지 낙마한 차관급 이상 공직자만 스물세 명으로 후진타오 시기 연평균 일곱~여덟 명에 비하면 세 배 수준이다. 그는 민생 탐방을 위해 경호·의전 활동을 간소화하고 2013년 12월 마지막 주말 베이징 중심가의 허름한 만두가게를 불쑥 찾아가 시민들과 함께 줄을 선 끝에 21위안(3,675원)어치 고기만두와 돼지 간볶음을 산 후 그릇을 깨끗이 비우기도 했다. "점심때라서 들렀습니다"라며 주인에게 안전한 먹거리를 제공할 것을 당부하는 것도 잊지 않았다.

그는 최초의 지방 시찰로, 2012년 12월 7일부터 10일간 광둥성 선전(深圳)·주하이(珠海)·광저우(廣州)시 등을 방문해 흔들림 없는 개혁개방 추진을 역설하는 등 1992년 1월 18일~2월 21일간 덩샤오핑이 선전 · 주하이 · 상하이 등 남부지방을 순시, 개혁개방을 촉구했던 '남순강화(南巡講話)'를 재현했다. 시진핑은 총서기에 취임한 후, 2013년 12월 말까지 400여 일 중 10퍼센트에 가까운 39일을 지역을 시찰하고 현장을 조사하는 데 할애했는데, 직접 방문한 곳은 31개 성 · 자치구 · 직할시의 1/3에 달하며 7대 군구를 모두 들렀다. 이 때 키워드는 '민생 개선'과 '강군 육성'이었다. 2013년 6월 쓰촨(四川)성 야안(雅安)시 지진(2013년 4월) 피해복구현장을 시찰하는 중에는 관내 루산(蘆山)현에서 어린이 볼에 뽀뽀하는 소탈한 모습도 보였다.

그리고 말보다 행동을 앞세운 시진핑의 친 서민 행보는 정책으로 이어졌다. 그는 2013년 2월 민생개선책으로 분배제도 개선, 각종 세제 개혁, 사회보장제도 개선, 국민주택 보급의 확대 및 농민소득증가 방안 등을 발표했고, 2013년 9월엔 '제2의 개혁개방'을 하겠다며 상하이 자유무역지대를 출범했다.

더욱 혁신적인 조치는 제18차 당대회 후 세 번째로 열리는 중전회(중앙위원회 전체회의)인 3중전회(2013년 11월 9~12일)에서 채택되었다. 도시 이주 농민 노동자인 농민공(2억 6,000만 명) 생계향상 지원, 1가구 1자녀정책 완화, 도 · 농 간 인구이동의 족쇄를 채워온 호구(戶口, 호적) 제도 개선, 인권탄압의 비난 대상이 되어온 강제 노동교화소 폐지 등이 그것이며, 계층 · 지역 간 격차 해소를 위한 도시화 추진, 국토 균형발전과 개방 확대 등도 포함되었다.

또한 3중전회 결정에 따라, 국가안보 및 체제 안정, 전 방위 국정개혁을 각각 책임질 사령탑으로서, 당 · 정 · 군 수뇌부 확대회의의 성격을 갖는 국가안전위원회, 중앙전면심화개혁영도소조를 새로 창설하면서 책임자직에 올랐다. 전자는 중국판 NSC(국가안전보장회의)이며 후자는 후진타오 집권 10년(2002~2012년) 동안 일반인들이 원자바오(溫家寶) 총리가 시행한 개혁에 큰 불만을 가지게 되자, 이를 리커창(李克强) 총리에게 맡기지 않고 본인이 직접 계획된 개혁 설계를 실행키 위해 만든 기구라 한다.

시진핑의 일대일로

일대일로 프로젝트의 지향점

시진핑 정부가 추진 중인 육·해상 실크로드 프로젝트를 계기로, 고대 동서문명의 통로였던 실크로드에 대해 다시 관심이 모아지고 있다. 중국의 이러한 '일대일로(一帶一路)' 전략은 2013년 9월과 10월 시진핑 주석의 중앙아시아와 동남아시아 순방기간 중 처음으로 제시됐다.

실크로드는 동양의 대국인 중국과 서양이 만나는 문명과 물자의 교역로였다. 이런 역사적 사실을 근거로 시진핑 정부는 팍스 아메리카와 대비되는 일대일로라는 전략을 구상해냈다. 일대일로 프로젝트의 대상 국가도 동남아시아에서 시작해 동북아시아, 중앙아시아, 중동은 물론이고 유라시아를 넘어 멀리 아프리카까지 60여 개국에 이르고 있다. 중국 정부가 밝힌 구체적인 방법은 해당국 간의 정책적 소통, 통로 연결, 무역 활성화, 화폐 유통을 통해 마음과 마음을 이어나가겠다는 것이다.

중국의 일대일로 프로젝트는 두 가지 목표를 갖고 있다. 첫째, 실크로드 해당국에 고속철도를 비롯한 SOC(사회간접자본)를 건설하는 등 해외투자를 통해 중국이 보유하고 있는 달러 과잉을 해소하는 것이다. 둘째, 중국 내 생산능력 과잉 문제를 해소하기 위한 것이다. 철강과 시멘트 등 과잉생산 능력을 이들 국가에 수출함으로써 자국 내수시장의 공급과잉 문제를 해결하면서 반대로 천연가스와 석유, 비철금속이 풍부한 이들 국가의 원자재를 대금으로 받는 등 필요한 자원을 확보하는 것이다.

그렇다면 동양과 서양의 문명 교역로인 실크로드는 언제 개설됐을까? 실크로드는 당나라 시기 중국과 중앙아시아, 유럽의 물자가 오고가는 교역로였다. 원래 실크로드라는 말은 그 당시부터 사용되던 용어가 아니다. '실크로드'는 독일의 지리학자 리히트호펜이 1877년 중국에서 중앙아시아, 인도로 이어지는 교역로를 연구하던 중 주요 교역품이 비단이었던 것에서 착안해 독일어로 자이덴슈트라쎄(Seiden Straße)로 이름 붙인 것이 계기가 됐다. 중국어로는 쓰처우즈루(絲綢之路)라고 부른다.

실크로드의 형성

실크로드는 먼저 2200년 전 중국 대륙 북방을 차지하고 있던 흉노족을 설명해야 이해가 쉽다.

흉노족은 농사를 짓기 어렵기 때문에 유목생활을 했다. 북방의 추운 기온은 그들에게 정착생활을 허락하지 않았다. 유목생활은 초지를 찾아 이동을 주로 하다 보니 어린 아이들도 말을 잘 다룰 줄 알았다. 기동성이 뛰어나 전쟁 시에는 상대를 압도할 정도였다. 중국 대륙에서 천하통일이 있기 전인 기원전 6세기 광활한 몽골고원 일대에 흩어져 있던 유목민족들은 하나로 뭉친다. 부족 단위로 흩어져 살아왔던 유목민족이 하나의 국가 형태를 갖추다 보니 강대해지는 것은 시간 문제였다.

기원전 221년, 진나라가 혼란한 전국시대를 마감하고 천하를 통일한 그 무렵, 북방의 유목민족국가 흉노가 출현했다. 기동력이 뛰어난 흉노는 중국 대륙을 위협하기 시작했다. 흉노의 남침은 진나라에 이은 한왕조에게도 두려움의 대상이 됐다. 통일제국 진나라는 만리장성을 개축해야 할 정도로 흉노가 위협의 대상이었다. 15년 만에 진나라가 무너지고 유방이 한나라를 건국하고 나서도 사정은 마찬가지였다.

한나라 초기 깐수성 란저우에서 둔황에 이르는 하서주랑은 흉노 등이 장악하고 있었기 때문에 조정에서 서역과 교역하는 데 많은 어려움이 따랐다. 그래서 한나라 조정은 북방의 강력한 세력인 흉노를 제압하기 위해 때로는 선제공격하기도 했다. 남진을 저지하기 위해서였다. 한나라 고조 유방은 산시성 핑성에서 흉노와 전투하는 과정에서 포위됐다가 가까스로 구출되기도 했다. 한나라가 흉노와 형제관계를 맺으면서 흉노에게 공물을 바치고 공주가 흉노의 왕 선우에게 시집가는 등 굴욕적인 외교관계가 형성되기도 했다.

한나라 무제 때 장건(BC ?~BC 114)이라는 인물이 있었다. 그는 중국 역사서에 서역과 통하는 실크로드를 개척한 인물로 기록되어 있다. 그 당시 서역이라고 하면 지금의 신장 위구르와 '스탄'이라는 이름을 가진 지금의 중앙아시아 나라를 가리킨다. 한 무제 때도 중원을 위협하는 흉노를 제압할 묘책을 짜내는 데 골몰했다. 무제는 흉노에서 투항한 사람들을 직접 심문했는데, 흉노가 서쪽에 근거지를 잡고 사는 월지라는 종족을 공격해 왕을 살해했으며, 그의 머리를 술잔으로 사용하는 등 월지족은 흉노를 원수처럼 여기고 있으나 함께 공격할 세력이 없다는 말을 듣게 된다. 월지족은 지금의 깐수성 서쪽과 칭하이성 일대에 살고 있었다.

무제는 이 말을 듣고 월지에 사신을 보내기로 하고 황제 수행원 직책인 시종관 장건을 선택했다. 월지로 가는 길을 흉노의 영내를 통과해야 하는 위험한 여정이었다. 기원전 138년 장건 일행의 사신단은 월지를 향해 한나라 땅을 떠난다. 그러나 흉노의 영내에서 장건 일행은 흉노의 추장 선우에게 붙잡힌다. 장건 일행의 목적지가 월지라는 사실을 알아낸 흉노의 추장은 이들을 여정을 허락하지 않는다. 결국 붙잡혀 흉노 영내에서 살아야 했고 장건은 흉노 여인과 결혼까지 하게 된다. 10년째 되던 해 장건은 가족과 함께 서쪽 월지족이 있는 쪽으로 탈출하는 데 성공한다. 그들은 수십 일을 걸어 지금의 파미르 고원 일대 대완이라는 나라에 도착하게 된다. 장건 일행을 면담한 대완의 왕은 이미 한나라에 대해 알고 있었다. 물자가 풍부하고 재물이 많다는 한나라와 내심 교역하기를 바라고 있던 터였다.

장건은 월지족을 찾아간다며 그간 사정을 설명하면서 대완 왕에게 도움을 요청했고, 대완 왕은 신하들로 하여금 장건을 지금의 키르키즈스탄 지역인 강거라는 나라로 안내하게 했다. 강거라는 나라는 실크로드 문명사에 기록된 페르시아의 소그드족이다. 장건 일행은 강거로 들어가 월지족과 연락을 취했다. 그러나 월지의 왕은 흉노와의 전쟁에서 패하면서 죽임을 당했고 부인이 왕이 되어 통치하고 있었다. 문제는 월지족이 흉노와 싸울 의지가 없다는 것이었다. 월지족은 흉노와 패하면서 더 서쪽으로 밀렸으나 지금 살고 있는 곳이 비옥하고 물자도 넉넉해 굳이 흉노에게 복수할 마음이 사라진 것이다.

장건은 한나라와 연합해 흉노족을 제압하자고 설득했으나 그들은 응하지 않았다. 결국 일행은 빈손으로 한나라로 돌아오다 귀국 길에 흉노에게 다시 붙잡힌다. 그리고 장건은 천신만고 끝에 흉노 영내에서 탈출해 기원전 126년 한나라로 돌아오게 된다. 기원전 138년 월지를 향해 길을 떠난 지 13년 만이었다. 함께 출발했던 100여 명 가운데 돌아온 이는 장건 등 두 명뿐이었다. 장건이 월지와 연합을 성사하지 못한 채 돌아왔지만 소득은 있었다. 한나라 서쪽에 그동안 소문으로 들었던 대완, 대월지, 대하, 강거 등의 나라가 존재한다는 사실을 확인했다는 점이다.

그 뒤 한나라 조정은 다시 기원전 119년 장건을 서역으로 파견했다. 이들 나라와 교역 등 우호관계를 유지함으로써 흉노를 고립하고 압박하기 위한 정책이었다. 300여 명의 인원과 대규모 물자를 실은 사절단은 대완, 강거, 대월지, 대하에 이어 현재 이란의 북동부에 해당하는 나라까지 순방하게 된다. 출발 4년 만인 기원전 115년 장건 일행은 한나라 수도 시안(장안)으로 돌아옴으로써 서역과 소통하는 교역로가 열리게 된다. 이것이 실크로드이다.

장건이 개척한 실크로드로 중국인들은 시안에서 출발해 지금의 중앙아시아를 거쳐 서아시아, 북아프리카, 유럽까지 진출할 수 있게 되었다. 동양과 서양이 경제교류뿐만 아니라 문화 접촉이 본격적으로 이루어지게 된 것이다. 더구나 중국에서만 생산되던 비단이 유럽으로 건너갈 수 있게 되었다. 특히 비단은 당시 중국만이 유일하게 뽕나무 재배와 양잠을 이용해 생산하고 있었다.

중국은 춘추시대 이전인 상나라 시대부터 비단과 자수 제작기술이 상당한 수준에 올라 있었다. 또한 실크로드를 통해 중앙아시아와 중동의 음악, 춤, 회화, 조각, 건축기술 등 예술과 천문, 역학, 의약 등도 중국으로 들어왔다. 여기에다 불교와 마니교, 기독교의 일종인 경교까지 중국에 전해지게 됐다. 중국에서 세계 최초 발명한 화약과 나침반, 제지술 등이 실크로드를 통해 유럽으로 건너갔다.

일대일로, 신 실크로드를 지향하다

중국은 일대일로를 동서양 문명의 발전에 공헌했던 고대 실크로드에 빗대 '신 실크로드'라고 강조한다. 교류와 소통을 통해 참여국 모두가 발전할 수 있는 장을 목표로 한다는 점도 역설한다. 5개 중점 사업인 정책 · 인프라 · 무역 · 금융 · 문화 분야의 액션플랜은 '5통(通)'으로도 불린다. 주변국과 공동 경제발전을 추진하는 정책 소통, 도로 · 철도 등 인프라 구축을 통한 인프라 연통, 무역 · 투자장벽 제거를 통한 무역 창통, AIIB · 브릭스개발은행 창립 추진 등을 통한 자금의 융통, 매년 외국인 1만 명에게 장학금을 지원하는 민심 상통 등이 그것이다.

하지만 일대일로를 제2차 세계대전 이후 미국이 서유럽에 행한 대외원조 계획인 '마셜플랜'으로 보는 시각도 있다. 미국이 마셜플랜을 통해 서유럽 재건을 돕는 한편 자국의 경제성장을 이루었던 것처럼 경제성장률이 7퍼센트대로 내려앉은 중국 입장에서 경제부양을 위해 내놓은 선택이라는 해석이다.

일대일로는 주변 국가가 계획에 협력하리라는 중국의 자신감과 중국 경제에 내재된 문제점 해소를 향한 절박함을 동시에 보여준다. 중국은 현재 '과잉설비' 문제에 봉착해 있다. 2012년 현재 제철, 시멘트, 철강 등 21개 산업이 과잉설비산업으로 분류됐다. 중앙정부는 과잉설비를 연차적으로 줄이고자 노력하고 있지만 지방정부들이 관할 지역 성장 둔화와 고용창출에 대한 부담을 우려해 난색을 표하면서 뚜렷한 성과가 나오지 않고 있다. 한편 일대일로정책의 추진으로 도로, 철도, 항구 등 인프라 투자가 활발해지면 과잉설비문제는 해소될 것으로 보인다. LG경제연구원은 "설비과잉산업 수요가 증가해 가동률이 올라가면 해당 산업 내 기업들이 구조를 전환하는 데 드는 자금과 시간 여유를 갖게 될 것"이라고 분석했다. 더불어 과다 축적된 외환보유액 문제도 투자를 통해 해소할 수 있다.

지역 불균형 해소를 위해서도 일대일로는 중국에 필수적이다. 중국 국가발전개혁위원회(발개위) 장옌성 비서장은 최근에 "일대일로가 중국 남쪽의 윈난 지역에서 시작하든, 충칭이나 우루무치에서 시작하든 결국 중국의 서부 개발로 귀결될 것"이라고 말한 바 있다. 일대일로전략에 따라 주변국과 교역이 활발해지면 중심에 서게 되는 중서부 지역이 직접적 수혜를 받게 될 것이란 얘기다. 인프라가 부족한 중앙아시아와의 물류망 등을 구축하는 과정에서 서부 지역에 투자가 이어지면 자연스럽게 연해 지역에 편중됐던 산업 · 인프라 설비문제가 해소된다. 균형발전으로 안정적 성장 발판 마련과 함께 지역경제 활성화로 새로운 성장 동력을 갖게 될 수 있다.

발개위는 일대일로정책에 따라 대규모 인프라 투자가 이어질 경우 10년 내 중국 GDP 성장률이 매년 약 0.6퍼센트 포인트 상승하는 효과가 있을 것으로 예측했다. 중국 민성증권은 최근 보고서를 내고 일대일로를 통해 중국 GDP 성장률이 0.25퍼센트 포인트 상승할 것으로 내다봤다. 관련 경제 규모는 1조 400억 위안으로 추산했다. 주요 프로젝트 분야는 철도 · 도로 · 항공 건설로 전체 투자의 68.8퍼센트를 차지하는 것으로 나타났다. 현재 건설 중이거나 건설 예정인 해외 투자 규모는 524억 7,000만 달러로 주로 중앙아시아와 남아시아 지역의 에너지 · 철도 · 도로 등 인프라 건설에 집중해 있다.

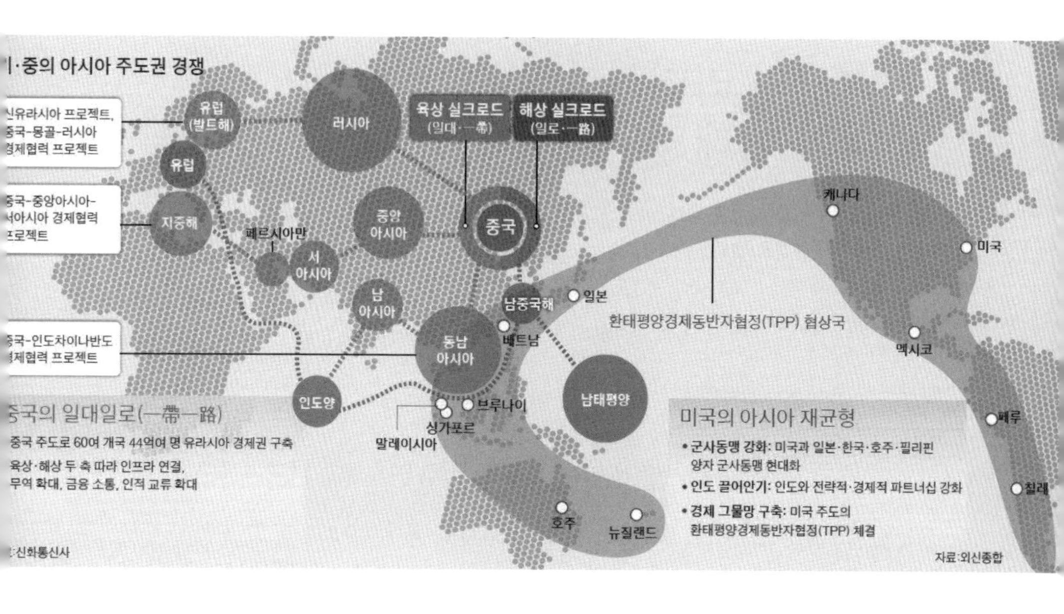

시진핑의 리더십과 중국의 미래

시진핑 총서기와 리커창 총리를 중심으로 하는 5세대 지도자들은 공통적으로 몇 가지 특징이 있다. 먼저 이들은 1950년대에 출생해 사회주의 혁명과 관련이 없는 세대다. 이런 점에서 5세대야말로 '탈혁명형 지도자'라고 할 수 있다. 또한 이들은 중학교 시절에 문화대혁명을 맞아 농촌과 오지로 하방당한 경험이 있다. 이른바 '상산하향'의 '지식청년'인 것이다. 예를 들어 시진핑은 산시성에서 7년 동안 농민과 함께 생활한 경험이 있다. 게다가 이들은 1970년대 말에 대학 교육을 받고 중간 당정 간부로서 개혁개방정책을 직접 추진한 경험이 있다. 한마디로 이들은 개혁개방 분위기 속에서 교육을 받고 지도자로 성장한 '개혁개방형 지도자'다. 마지막으로 이들의 대다수는 '인문 사회형 지도자'라는 특징이 있다.

시진핑 리더십의 세 가지 특징

시진핑은 세 가지 요소가 결합된 지도력을 보여주는 '복합형 지도자'라고 할 수 있다. 이는 정도의 차이는 있겠지만 다른 5세대 지도자에게도 적용된다. 그래서 이런 특징으로 판단할 때 시진핑 시대의 중국은 '보수정치+시장경제+실용외교'의 모습을 보일 것으로 예측할 수 있다.

먼저, 정치적으로 시진핑은 '독실한 사회주의자'다. 이는 아버지 시중쉰이 보여준 혁명적이고 충직한 삶과 자녀들에 대한 엄격한 혁명 교육의 영향으로 형성되었을 것이다. 구체적으로 시진핑은 '공산당의 영도'를 굳건히 믿는다. 공산당이 조국을 구원했고, 공산당만이 중국을 세계 강대국으로 발전시킬 수 있다고 생각한다. 또한 공산당이 주도한 사회주의 혁명과 지난 30여 년 동안의 경제성장에 강한 자부심을 느낀다. 마지막으로 이런 이유로 시진핑은 서양의 정치사상과 정치제도에 대해서는 강한 거부감이 있다.

또한 시진핑은 경제적으로는 '시장주의자'다. 이는 아버지의 영향과 함께 본인의 경험에서 나온 것이다. 시진핑의 아버지 시중쉰은 광둥성 제1서기로 근무하던 1979년, 선전 등 네 곳의 경제특구 설치를 구상하고 이를 덩샤오핑에 보고해 승인을 받은 장본인이다. 시진핑은 이런 아버지의 영향을 받아 젊은 시절부터 개혁개방정책을 적극 지지했다. 이후 푸젠성, 저장성, 상하이시에서 20여 년을 근무하면서 시장경제에 대한 믿음이 굳어졌다. 특히 푸젠성 성장과 저장성 당서기로 근무할 때 시진핑은 외자 기업의 투자를 유치하기 위해 노력했고, 산업구조를 조정하고 기업을 혁신하기 위한 많은 개혁정책을 추진했다.

아울러 시진핑은 외교 · 안보 면에서는 '실용적인 민족주의자'다. 그동안 그가 보여준 말과 행동을 통해 이를 확인할 수 있다. 구체적으로 시진핑은 군사력 강화를 강조한다. 칭화대학교를 졸업하고 국방장관의 부관으로 3년 동안 일한 이후 최근까지 시진핑은 군 관련 업무를 지속적으로 맡아왔다. 그는 이를 통해 군사력 강화의 중요성과 필요성에 대해 누구보다 잘 알게 되었다. 또한 그는 주권과 영토문제 등 중국의 '핵심 이익'과 관련된 문제에 대해서는 단호한 모습을 보이고 있다. 동시에 미국과 일본 등 기존 강대국에 맞서 결코 굴복하지 않는 당당한 외교를 지향한다. 마지막으로 그는 중국의 국익을 위해 융통성 있고 탄력성 있는 실리 외교를 추진할 수 있다. 이런 점에서 그는 일본의 정치가인 아베 신조나 이시하라 신타로 같은 '극우 민족주의자'와는 다르다. 그래서 그를 '실용적 민족주의자'라고 할 수 있다.

취임 후 시진핑의 행보

시진핑의 지도력은 취임 후 그가 보여준 모습을 통해 확인할 수 있다. 2012년 11월 15일의 취임 연설과 2012년 11월 27일 '중흥의 길' 특별 전시회에서 행한 '중국의 꿈' 연설을 보면, 그는 세 가지를 일관되게 강조하고 있다. 첫째가 '중화민족'이고, 둘째가 '인민'이며, 셋째가 '공산당'이다. 다시 말해 시진핑의 화두는 '민족 · 인민 · 당'인 것이다. 이것은 그가 현재 무엇을 생각하고 있고, 무엇을 지향하고 있는지를 단적으로 보여준다. 한마디로 공산당과 당정 지도자들은 중화민족의 중흥을 위해 노력해야 하고, 인민의 복지를 위해 고민해야 하며, 공산당의 단결과 순결함을 지켜야 한다는 것이다. 이 연설 이후 시진핑은 실제 행동과 정책을 통해 이를 실천하기 시작했다.

먼저, 시진핑은 공산당의 업무태도를 개혁하기 위해 강력한 정풍운동을 전개하고 있다. 2012년 12월 4일 개최된 정치국 회의에서 '업무태도의 개선과 긴밀한 군중 연계의 8개항'을 결정한 것이다. '8개항'은 현지 시찰과 외부활동에서 사치와 형식주의 타파, 간결하고 실무적인 회의 개최, 각종 문서와 서류의 대폭 축소, 당정 간부의 편의를 위한 교통통제 제한, 당정 간부에 대한 언론보도 자제, 중앙의 심의를 거치지 않은 고위 간부 개인의 발언과 출판 제한, 근검절약하는 생활태도 등을 포함하고 있다. 간단히 말해 특권 의식, 사치 풍조, 형식주의, 관료주의를 타파하고 실용적이고 견실한 업무태도로 인민의 신뢰를 회복하자는 것이다. 시진핑은 이처럼 결정한 이후 스스로 앞장서서 이를 실천함으로써 솔선수범의 전형을 보여주었다.

이와 함께 시진핑은 강력한 부패척결 정책을 추진하고 있다. 이는 2013년 1월에 개최된 공산당 18기 중앙기율검사위원회 2차 전체회의에서 잘 나타났다. 여기서 시진핑은 공산당의 '특권 사상과 특권 현상'을 전당이 나서서 타파할 것을 주장했다. 또한 중앙에서 결정된 부패척결 정책을 지방과 각 부서가 철저히 실행할 것을 명령했다. 동시에 부패척결 과정에서 "파리뿐 아니라 호랑이"도 철저히 감독하고, 전체 인민과 전 당원이 나서서 당정 간부를 감독해야 한다고 주장했다. 이런 부패척결 방침은 18차 당대회 이후 실제로 집행되었다. 그 결과 2012년 11월 중순부터 2013년 2월 중순까지 3개월 동안 모두 스물일곱 명의 국장급 이상 고위 간부가 부패 혐의로 처벌을 받았다.

이와 관련해 2012년 12월 광둥성 선전시를 방문했을 때 시진핑이 행한 비공개 연설에 주의할 필요가 있다. 이 연설에서 시진핑은 1991년 붕괴한 "소련의 교훈을 잊지 말자"고 강조했다. 그는 소련 공산당이 세 가지 이유 때문에 권력을 잃었고 그 결과 소련도 붕괴했다고 생각한다. 첫째는 정치 부패의 만연이고, 둘째는 이념의 이완과 타락이고, 셋째는 당에 대한 군의 충성 부족이다. 공산당이 소련의 교훈을 잊지 않고 권력을 유지하려면 바로 이 세 가지를 하지 말아야 한다는 것이다. 그러기 위해서는 공산당의 부패척결을 강력히 추진하고, 언론과 사상의 통제를 강화하며, 당에 대한 군의 절대적 충성을 확보해야 한다.

이런 시진핑의 방침에 따라 공산당은 사업태도의 개혁과 부패척결 정책을 추진했다. 또한 공산당은 언론, 특히 인터넷 통제도 더욱 강력하게 추진하기 시작했다. 최근 인터넷을 통해 서구 풍조가 유입되고 국가와 공산당을 비판하는 경향이 높아졌다고 보았기 때문이다. 단적으로 2012년 12월 28일 전국 인대 상무위원회는 인터넷 통제를 강화하는 새로운 규정을 통과시켰다. '인터넷 정보 보호의 강화 결정'이 그것이다. 중국 언론은 이것이 인민의 사생활을 보호하고 건전한 인터넷 문화를 육성하는 데 도움이 될 것이라고 주장했다. 반면 외신은 중국이 인터넷 통제를 강화하기 위한 법적 기반을 마련했다고 비판했다. 실제 내용을 보면 자유로운 정보 유통을 통제하는 내용이 들어 있다.

한편 경제개혁과 관련해 시진핑은 행동으로 그의 방침을 분명하게 보여주었다. 첫 방문지로 광둥성 선전시를 선택해 2012년 12월 7일부터 11일까지 방문한 것이다. 이는 후진타오 총서기 취임 이후 첫 방문지로 혁명 성지인 허베이 성 시바이포를 선택해 마오쩌둥의 혁명정신, 즉 '겸손하고 신중하며 자만하지 않는 진중한 태도'와 '고생을 마다하지 않고 어려움에 맞서 싸우는 태도'를 강조한 것과 큰 대조를 이룬다. 선전시는 아버지 시중쉰이 제안하고 덩샤오핑이 승인함으로써 중국 최초의 경제특구가 된 지역이다. 다시 말해 선전시는 시장경제와 대외 개방의 '실험실'이며 '선도자'로서 중국 개혁개방의 상징인 곳이다. 이곳을 최초 방문지로 선택함으로써 시진핑은 '덩샤오핑의 후계자'이며 '시중쉰의 아들'로서 개혁개방정책을 지속적으로 추진할 것임을 대외에 선언한 셈이다. 실제로 선전시를 방문하는 동안 시진핑은 개혁개방을 중단하지 않고 추진할 것을 외쳤다.

마지막으로 중국의 외교안보정책과 관련해 시진핑은 분명한 메시지를 전달했다. 하나는 시진핑 시대에도 이전처럼 '평화발전의 길'을 걸을 것이라는 점이다. 다른 하나는 중국의 정당하고 타당한 이익, 특히 '핵심 이익'을 지키기 위해서는 어떤 희생도 마다하지 않겠다는 각

오다. 이는 2013년 1월 28일에 있었던 정치국 3차 집단학습에서 시진핑이 한 연설에서 잘 드러난다.

시진핑은 특히 두 번째 입장과 관련해 군에 대해 "당에 대한 절대적 충성"을 강조하고, "언제든지 싸울 수 있고, 싸우면 반드시 이길 수 있는" 전투태세를 유지할 것을 명령했다. 이 같은 사실은 2012년 12월 중앙군사위원회 회의에서 제2포병부대(전략 핵미사일 부대)의 대표들을 면담할 때 시진핑이 한 연설에도 잘 드러나 있다. 이를 통해 우리는 시진핑 시대에 중국이 어떤 외교 및 안보정책을 추진할 것인지를 엿볼 수 있다.

시진핑과 중국의 미래

시진핑 정부는 공산당 18차 당대회를 통해 향후 10년 동안 중국이 추진할 국가발전전략과 주요 방침을 결정했다. 시진핑 정부의 국가발전전략은 후진타오 정부의 전략을 계승, 발전한 것이다.

중국의 국가발전전략이 20년 동안 일관되게 추진된다는 점은 매우 높이 살 만하다. 이는 몇 가지 이점이 있기 때문이다. 우선, 장기적인 정책의 수립과 집행이 가능하고 이를 통해 국가정책의 연속성과 일관성을 보장할 수 있다. 경우에 따라서는 급변하는 국내외 상황에 대처해 신속하고 융통성 있게 정책을 결정하고 집행하는 것이 필요하다. 이와 동시에 긴 안목에서 전 영역을 포괄하는 장기적인 계획을 수립하고 집행하는 것도 필요하다. 특히 중국처럼 계획경제에서 시장경제로의 이행이 아직 끝나지 않은 나라는 이러한 장기계획이 필요하다. 현재 중국이 이렇게 하고 있다.

또한, 국가정책의 연속성과 일관성이 보장되기 때문에 국내외로 높은 정책의 신뢰성을 확보할 수 있다. 우선, 중국 인민은 공산당이 개혁개방 노선을 계속 견지할 뿐 아니라 이를 실천하기 위해 일관된 방침과 정책을 추진하고 있다는 사실을 잘 알고 있고 이를 신뢰한다. 게다가 이런 국가발전전략이 지난 10년 동안 연 10.6퍼센트의 경제성장이라는 뛰어난 성과를 달성했기 때문에 공산당과 정부의 정책을 지지한다. 국제 사회도 중국의 정책을 잘 이해하고 있고, 다른 어떤 국가의 정책보다 안정성이 높다고 믿고 있다. 물론 각국의 이해 혹은 각자의 입장에 따라 중국의 국가발전전략에 대해 지지하기도 하고 비판하기도 한다. 그러나 중국의 정책에 일관성이 있다는 사실에 대해서는 의문을 제기하지 않는다. 이는 중국에게 큰 자산이다.

정책의 일관성과 연속성이 보장된다고 해서 그것이 제대로 집행된다는 보장은 없다. 시진핑 정부가 당면한 현실은 엄준하고 추진해야 하는 정책도 그렇게 쉽지 않다. 특히 세 가지 과제는 중요하면서 동시에 매우 어렵다. 첫째는 경제발전 양식을 양적 성장에서 질적 성장으로 전환하는 과제다. 둘째는 지역 격차, 도농 격차, 민족 격차, 계층 격차 등 다양한 사회적 불평등을 해소하는 과제다. 셋째는 자연환경을 보호하고 에너지 소비를 줄이는 과제다. 이는 시진핑 정부의 핵심 국정 목표지만 이를 제대로 수행하기는 결코 쉽지 않다. 그렇다고 시진핑 정부가 이를 수행할 수 없다고 주장하는 것은 아니다. 이는 전적으로 시진핑 정부의 의지와 능력에 달려 있다. 시진핑 총서기가 말하는 '중국의 꿈'이 실현될지 여부는 이 세 가지 과제를 얼마나 잘 해결하느냐에 달려 있다.

한중 우호와 동반자 정신

눈부신 경제협력과 상호 경제 동조화

최근 한반도 사드배치문제로 중국과의 관계가 다소 껄끄러워지긴 했지만, 양국 간 경제협력관계는 앞으로 더 강화될 것이다. 양국 간 경제협력관계에 대한 시장의 우려를 불식하고 향후에도 전략적 협력 동반자로서 상호 안정적인 경제성장을 위해서는 기존의 협력관계를 강화하는 정책적 노력이 필요하다.

한중 양국은 세계 경제의 위상으로 보나 양국 간 수교관계로 보나 상호 매우 중요한 국가이며, 지속적인 경제협력 강화를 통해 시너지를 일으킬 수 있는 잠재력이 매우 크다. 중국은 한국의 제1교역 상대국으로, 한국은 중국의 제4교역 상대국으로 부상하는 등 상호 수출입 규모와 의존도도 급격하게 확대됐다.

한국의 대(對)중 수출 규모는 1992년 수교 당시 약 26억 5,000만 달러에서 2014년 약 1,453억 3,000만 달러로 55배가량 늘어났고, 수입은 같은 기간 약 37억 2,000만 달러에서 900억 7,000만 달러로 24.2배 정도 증가했다. 수출입 비중도 같은 기간 3.5퍼센트에서 25.4퍼센트로, 3.5퍼센트에서 17.1퍼센트로 상승했다.

중국의 대(對)한 수출은 24억 달러에서 1,003억 3,000만 달러로 약 42배, 수입은 26억 2,000만 달러에서 1,901억 1,000만 달러로 약 72.5배 늘어났다. 한국에 대한 수출 비중은 4.3퍼센트로 중국의 네 번째 교역 상대국이고, 수입 비중은 9.7퍼센트로 중국의 첫 번째 교역 상대국이 됐다.

또한 무역 연계성 및 상호 보완성에서도 밀접한 관계를 유지하고 있다. 한 국가의 세계 시장점유율에 대한 타국의 시장점유율을 뜻하는 무역결합도 지수를 보면 한중은 1998~2009년 사이에는 지수가 하락했지만, 2010년 이후 회복되어 양국 간 무역 연계 정도가 강화되는 모습을 보였다.

한 국가의 상품 수출구조와 교역 대상국의 수입구조의 유사성을 의미하는 무역보완도 지수 역시 한국의 경우 2000년대 들어 계속 0.9, 중국은 최근 2년간 상승세를 보이며 0.5를 상회하고 있다. 무역보완도 지수는 1에 가까울수록 교역 상대국 간 수출 · 수입구조가 비슷하다는 뜻이다.

투자 분야에서도 양국이 가진 중요성은 아무리 강조해도 지나치지 않다. 중국은 한국의 제2직접투자 상대국으로 1992년 수교 이후 지난해까지 연평균 29억 달러의 직접 투자를 해 누적투자액 총 697억 1,000만 달러를 기록했다. 이는 같은 기간에 미국의 직접투자 879억 5,000만 달러 다음으로 큰 규모이다.

중국 입장에서도 한국은 중국의 전체 직접투자 대상국 중 네 번째로 큰 투자 대상국이다. 중국의 대한 투자 규모는 2015년 40억 3,000만 달러이다. 1995년부터 지난해까지 누적 기준으로도 한국은 중국의 다섯 번째로 큰 직접투자 대상국이다.

최근에는 금융 부문의 협력도 가속화돼 2000년 '치앙마이 이니셔티브(CMI)', 2003년 '아시아채권펀드(ABFs)' 등 다자간 협력을 중심으로 이뤄지던 것이 2008년 원·위안 통화스왑을 계기로 2014년 원·위안 직거래시장을 개설하고, 지난해 아시아인프라투자은행(AIIB), 올해 통화스왑 연장 등 직접 협력으로 전환됐다.

관광 역시 한중 교역에서 빼놓을 수 없는 분야다. 입국자 및 여행수지 측면에서 중국은 한국에 가장 중요한 국가로, 1995년 한국을 찾는 중국인 관광객은 17만 8,000명에서 지난해 598만 4,000명으로 약 33.6배 늘어났다. 이는 전체 방한 외국인의 절반에 육박하는 45.2퍼센트에 해당하는 규모이다. 이를 통해 벌어들이는 여행수입은 2014년 기준 99억 6,000만 달러로, 전체의 55.8퍼센트 수준이다.

중국 입장에서도 한국인은 중국을 방문하는 외국인 중 네 번째로 큰 규모이다. 방중 한국인은 지난해 444만 4,000명으로 1995년보다 8.4배 증가했고, 비중은 2015년 기준 17.1퍼센트로 홍콩, 마카오, 대만을 경유하지 않는 국가 중 가장 큰 규모이다. 여행수지 측면에서도 2014년 한국은 중국에 21억4,000만 달러를 지불해 중국 전체 여행수입의 3.7퍼센트를 차지했다.

이처럼 한국과 중국은 경제적 의존도가 빠르게 심화되면서 그 실익을 향유하는 등 양국 모두에게 서로 가장 중요한 국가로 발전했다. 지금까지의 양국 간 관계를 볼 때 한중의 경제협력관계는 향후에도 오히려 강화될 것이며, 양국의 관계에 대한 시장의 우려를 불식하기 위해서는 기존의 협력관계를 강화할 수 있는 정책적 노력이 필요하다.

양국이 역내 평화와 안정적인 성장을 추구한다는 점에서 인식을 같이하고 있는 만큼 정경분리 원칙에 따라 양국관계가 경제 이외의 문제로 경색되어 상호 실익을 훼손하는 일이 없어야 한다. 또한 FTA, AIIB와 같은 다자간 협력 사업을 통해 경제적 실익을 확대해나가야 하고, 빠르게 변화하고 있는 국제 분업구조에 공동 대응하는 차원에서 기존의 고기술 첨단산업 분야의 교류 · 협력을 강화하는 한편, 산업 · 기술 간 융합에 대한 표준화, 관련 인재교류 활성화, 각종 규제 합리화 등 제도와 정책상 협력이 필요하다.

한중 민간 교류의 확대

한 · 중 양국 국민들 사이의 가장 큰 이슈는 사드이다. 1992년 8월

한국과 중국이 정식으로 대사급 외교관계를 수립한 이래 이처럼 뜨거운 이슈는 없었다.

그동안 이념이 다른 두 국가는 우호협력관계에서 협력 동반자 관계로, 또 전면적인 협력 동반자 관계에서 전략적 동반자 관계로 발전해 왔다. 그리고 2014년 양국 최고 지도자들이 전략적인 협력동반자 관계를 선언함으로써 한층 성숙해진 양국관계를 세계에 천명하기에 이르렀다.

최근에 사드라는 변수로 두 나라가 하루아침에 이전의 관계로 후퇴하지 않을까 하는 걱정이 들 만큼 한중관계가 요동치고 있다. 하지만 지금과 같은 한중 사이의 긴장은 그리 오래가지는 않을 것이다. 중국 언론이 무역에 보복조치를 취할 것처럼 보도하고 있지만 두 나라 사이의 무역은 상호 호혜적인 면이 많다. 중국도 한국에 대한 무역 제재로 '책임 있는 G2 국가의 위상'을 상실하고 싶어 하지 않는다. 실제로 경제적인 보복을 한다고 해도 양국의 경제적인 연결고리 때문에 중국도 적지 않은 피해를 볼 수 있다.

다행히 사드 사태에도 불구하고 중국 개인 여행객은 사상 최대로 한국을 방문하고 있다. 이는 한중 양국 국민이 정치문제와 민간교류를 분리해 생각하고 있음을 보여주는 것이다. 사드문제로 두 나라 정부 간에 더 큰 문제가 발생하지 않는 것도 상호 호혜의 연결고리 때문일 것이다.

1992년 수교 이후, 한중관계가 발전해온 역사와 다방면에서 서로를 중요하게 여기는 현실을 고려하면 크게 악화될 거라고 생각하지 않는다. 한국과 중국의 자매 · 우호 도시들 간의 교류가 활발해지고, 새로운 도시들과도 협력관계가 쌓이길 바란다. 짧은 기간 양적으로 팽창한 한중관계가 지금보다 더 성숙한 관계로 발전하기 위해 정치, 경제 위주의 하드웨어적 차원의 교류에서 민간을 중심으로 한 소프트웨어적인 교류가 더 활성화되어 중국이 '가깝고도 가까운' 이웃 국가가 되기를 기대해본다.

오늘날 중국의 위상이 높아지고 동아시아 내에서의 영향력이 더욱 커지면서 중국과의 관계는 그 어느 때보다도 한국의 정치 · 경제에 직접적으로 영향을 미치는 중요한 변수가 되었다. 정당한 한중관계를 수립하기 위해서는 공존과 호혜의 이념을 지향한 과거 한중 교류의 역사적 경험을 반추하고, 그 기억을 되살리려는 노력이 필요하다. 성숙한 두 나라 국민들은 양국 정부와 지도자들의 결정을 신뢰하며 서로 방문하고 교류하며 슬기롭게 지금의 고비를 넘길 것으로 믿는다.

전략적 신뢰의 확대

한국과 중국 정부가 북중동맹과 한미동맹을 둘러싸고 나타나는 갈등을 해결하지 못한다면 한중관계는 앞으로 크게 발전할 수 없다. 그래서 만약 한국 정부와 시진핑 정부가 한중관계의 발전을 원한다면 이 문제를 어떻게든 해결해야 한다.

한중안보관계는 단순히 양국 간의 정책과 행위에 의해 결정되는 것이 아니기 때문에 문제가 훨씬 복잡하다. 중국의 급속한 부상과 미중 세력관계의 변화, 중국 외교정책의 미세한 조정, 미국의 아시아 및 중국 정책의 변화, 북한의 핵문제와 생존전략, 한국의 외교정책 및 북한 정책의 변화 등 여러 가지 요소가 복합적으로 작용해 한중안보관계에 영향을 끼치고 있다. 그래서 이 문제는 짧은 기간 안에 쉽게 해결될 수 있는 사안이 아니다.

이 중에서 특히 중요한 것이 미국의 태도와 정책이다. 예를 들어 북한은 미국이 자국의 체제 안전을 보장하지 않는 한 핵무기를 결코 포기하지 않으려 할 것이다. 따라서 북핵문제를 해결하기 위해서는 미국의 북한에 대한 태도와 정책의 변화가 절대적으로 필요하다. 한미동맹의 성격 변화도 미국의 아시아 정책과 관련이 있다. 즉 미국이 중국포위전략을 계속하고 한국에게 참여를 요청한다면 한국은 매우 곤란한 처지에 빠질 수 있다. 그러나 한국과 중국은 미국에 정책 변화를 강요할 수 없기 때문에 양국 차원에서 할 수 있는 노력을 다할 수밖에 없다.

이와 관련해 관건은 한국과 중국 양국이 두 가지 방향에서 안보문제를 해결 혹은 관리하기 위해 부단히 노력해야 한다는 점이다. 먼저, 두 나라는 공통의 안보 이익에 대한 합의를 넓히고 이를 달성하기 위해 협력함으로써 양국 간의 '전략적 신뢰'를 확대하려고 노력해야 한다. 또한 한국과 중국 양국은 서로에 대해 갖고 있는 안보상의 우려 요소를 충분히 이해하고 각자의 정책과 행동을 최소한 '양해'함으로써 '전략적 불신'을 축소하려고 노력해야 한다. 이처럼 전략적 신뢰는 확대하고, 전략적 불신은 축소하려는 양면적인 노력이 필요하다.

4장

대륙의 리더 시진핑

개괄

중국 지도자 시진핑을 두고 몇 년 전까지만 해도 대부분의 중국인들이 하던 말은 '펑리위안의 남편'이었다. 중국의 펑리위안은 시청률이 매년 100퍼센트에 가까운 연말 가요 프로그램에서 MC를 보는 인민 가수였다. 펑리위안이 인기 절정이던 때 그녀의 남편 시진핑은 푸젠성 샤먼시 부시장이었다. 이후 푸젠성 성장, 저장성 당 위원회 서기 등으로 진출했지만 한낱 지방 간부에 불과했으며, 유명세는 그녀의 절반에도 미치지 못했다.

그런 시진핑이 중국 국내외에서 주목받기 시작한 시기는 2007년 가을이다. 중국 차기 최고 지도부를 선출하는 제17차 당대회가 개최되기 약 6개월 전 일이다. 당시 젊은 최고 지도자로 꼽히던 사람은 랴오닝성 당 위원회 서기 리커창이다. 리커창이 차기 지도자로서의 '사명'

을 전수받았다면 시진핑은 '대항마' 정도로 받아들여졌다.

그런데 실제 당대회에서 모두의 예상을 뒤엎는 일이 벌어졌다. 시진핑이 리커창을 제치고 9명의 상무위원 가운데 서열 6위로 부상했고, 리커창은 7위로 밀린 것이다. 두 사람의 서열 차이는 1단계에 불과했지만 다른 위원들의 나이를 감안했을 때 시진핑은 내년 10월 제18차 당대회에서 후진타오에 이어 당총서기에 오르고 이후 국가주석, 중앙군사위원회 주석이 되는 위치에 오른 것이다. 그렇다면 시진핑은 어떻게 해서 15억 명의 지도자가 될 수 있었을까?

여기서 그 과정을 알아보고 가자.

혁명군의 아들로 태어나다

아버지 시중쉰

시중쉰, 혁명 1세대인 수많은 중국공산당 인물 중 유독 그의 이름이 관심을 끄는 이유는 무엇 때문일까? 바로 2012년 중국공산당 주석이 된 시진핑의 아버지이기 때문이다. 중국공산당 중앙위원회(이하 당 중앙)의 전권을 받고 광둥 성장이 된 시중쉰은 1970년대 말 광둥 주민들이 '홍콩으로 탈출(偷渡)'하는 상황에 직면했다.[11]

사태의 심각성을 깨달은 시중쉰은 쉴 새 없이 홍콩으로 향하는 차량 행렬을 본 후, 열린 회의에서 자기비판을 한다. 그리고 탈출하는데 실패해 수용소에 잡혀 온 농민들을 보며 눈물을 흘린다. 탈출문제

11) 시진핑, http://www.ohmynews.com.

를 해결하는 길은 하루빨리 경제성장을 추진해야 하며, 사회주의 정책에 얽매이지 않고 현실에 맞게 유연하게 해결해가야 한다는 것, 그것이 당내 개혁파인 시중쉰의 고충처리방식이었다. 중국의 '경제특구(特區)'가 건설된 것이다. 지금은 홍콩 앞바다를 바라보며 24시간 수출입 하역으로 불빛이 꺼지지 않는 도시가 되었지만, 개혁개방 초기 선전은 그야말로 황무지였다. 만약 시중쉰이 지방정부의 수장으로 파견된 후 '탈출'이라는 현실을 무시하고 계급투쟁만 했다면 큰 반발에 직면했을 것이다.

마오쩌둥과 시중쉰

시중쉰(1913~2002)은 중국공산당 원로 중 가장 존경받는 인물이었다. 중국의 지도자 시진핑의 역경과 성장 과정에 앞서 가족사를 살펴보는 일은 중국 현대사와 관련해 큰 의미가 있다. 시진핑은 아버지로부터 '피'와 '품성'은 물론, 정치적 후광까지 이어받았기 때문이다.

시중쉰은 산시(陝西) 북부 푸핑(富平)현에서 태어났다. 산간변(陝甘邊) 혁명 근거지에 있던 시중쉰은 1935년에 이르러 창정(長征)을 주도한 마오쩌둥과 만난다. 반혁명으로 수감 중이던 시중쉰은 마오쩌둥이 며칠만 더 늦게 옌안(延安)에 왔다면 목숨을 잃었을 것이다.

마오쩌둥은 스물두 살의 젊은 나이에 홍군의 든든한 후방기지의 리더였던 시중쉰에게 큰 감명을 받았다. 이후 6년에 걸친 항일민족통일전선을 훌륭하게 수행한 시중쉰에게 친필로 '당의 이익이 최우선(黨的利益在第一位)'이라는 제자(題字)를 써주기도 했다. 이후에도 마오쩌둥은 시중쉰의 능력을 높이 평가해 네 차례에 걸쳐 찬사를 했다. 1945년 당 중앙은 서른세 살이던 시중쉰을 중앙조직부 부부장 겸 시베이국(西北局)을 총괄하는 당 서기로 임명했다. 이 자리에서 마오쩌둥은 '그는 군중으로부터 검증된 군중 영수(他是從群眾中走出來的群眾領袖)'라고 발언한다.12)

1947년 장제스(蔣介石) 군대가 속전속결 전술로 진격해왔다. 시중쉰은 펑더화이(彭德懷)와 함께 곳곳의 전투에서 승리한다. 시베이 홍군이 인원이 열 배나 많고 장비까지 우수한 국민당 군대를 격퇴한 만큼 이 전투는 대첩으로 불린다. 토지개혁정책에서도 시중쉰은 '좌' 편향에 빠지지 않고 업무를 훌륭히 수행해 당 중앙의 높은 신뢰를 받는다. 1952년 신중국 수립 후 마오쩌둥은 시중쉰의 시베이국 업무보고를 접한다. 토지개혁, 통일전선, 민족문제 등에 관한 보고를 읽던 마오쩌둥은 옆에 있던 보이보(薄一波)에게 시중쉰에 대한 평가를 해보라고 묻는다. 현 충칭시 서기이자 차세대 정치지도자인 보시라이(薄熙來)의 아버지 보이보는 '젊고 유망하다(年輕有為)'고 대답한다. 이 말은 옌안 시절 이미 마오쩌둥이 언급했던 말이기도 하다. 마오쩌둥은 곧바로 '루훠춘칭(爐火純青)'이라고 말한다. 도교에서 도사들이 수련을 해 극단의 경지에 오른다는 뜻을 빌려 시중쉰이 최고라고 표현한 것이다.

---

12) ibid.

시중쉰과 샹첸

마오쩌둥이 시중쉰에 대해 한 찬사 중 최고는 바로 제갈량을 언급한 것이다. 신중국은 정부수립 초기 민족문제로 곤란을 겪었다. 시베이 지역은 티베트(짱)족, 후이족, 위그르족, 몽골족 등이 광범위하게 산재해 있었다. 특히 칭하이성 앙라(昂拉) 부락에 있던 티베트족(藏族) 지도자 샹첸(項謙)은 장제스 국민당의 '반공구국군' 사단장 탄청샹(譚呈祥) 부대를 규합해 신중국과 대립했다. 시중쉰은 좌파적 경향을 지양하고 민족화합을 통한 인민정부 수립을 견지했다. 또한, 국민당 잔당과 소수민족을 구분하고 지속적인 정치투쟁을 전개했다. 군사작전보다는 당사자들을 직접 만나 설득 공작을 병행한 것이다. 1950년 8월 샹첸은 결국 투항했으며 인민정부에 '깊이 뉘우친다'고 발언했다. 이는 곧 전국 각지의 민족문제를 해결하는 데 큰 영향을 미쳤다.

그러나 앙라 부락으로 돌아간 샹첸은 곧바로 배신을 한다. 1951년 9월 샹첸과의 정치협상이 결렬되자 모두 즉시 앙라를 소탕할 것을 결의하기에 이르렀다. 하지만 시중쉰은 군사 동원을 중지하고 인내심을 발휘했다. 1952년 5월 반란군과의 전투 후 샹첸이 고립돼 있을 때에도 그는 사람을 보내 진심으로 항복을 권유했다. 그러자 8월에 이르러 샹첸은 신이나 존경할 만한 인물에게 경의를 표하는 스카프인 하다(哈達)를 바치며 시중쉰의 손을 잡는다. 이 일은 당 중앙에 큰 힘이 되었다. 얼마 후 마오쩌둥은 시중쉰을 만난 자리에서 《삼국지연의》의 칠금맹획(七擒孟獲)을 비유하며 '당신은 제갈량보다 더 대단하다

(你比諸葛亮還厲害)'고 칭찬했다.

베이징의 시중쉰

1952년 가을 마오쩌둥은 자신의 정치적 입지를 강화하고 정적을 견제하기 위해 지방에 있던 서기 다섯 명을 베이징으로 불러들였다. 시난국(西南局)에 있던 덩샤오핑(鄧小平)을 비롯해 화둥국(華東局)의 라오수스(饒漱石), 중난국(中南局)의 덩쯔후이(鄧子恢), 둥베이국(東北局)의 가오강(高崗)과 함께 베이징에 온 시중쉰은 당 중앙 선전부장이자 정무원(지금의 국무원) 문화교육위원회 부주임이 된다. 젊은 당내 일꾼들을 요직에 배치하는 과정에서 마오쩌둥이 중앙정치무대로 시중쉰을 불러들인 것이다.

시중쉰이 베이징에 온 다음 해에 시진핑이 태어났다. 베이징으로 이름이 변하기까지 베이핑(北平)이라 불리던 곳에서 태어난 시진핑은 아버지의 검소하고 정의롭고 개혁적인 면모를 어릴 때부터 배우며 자랐다. 시중쉰은 아이들에게 다정다감한 아버지였지만 낡은 꽃신에 검은 칠을 해서 신고 다녀야 할 정도로 소박한 생활을 딸들에게 가르쳤다.

홍콩에서 출간되고 번역된 《시진핑 평전(2009, 넥서스, 우밍 지음, 송삼현 옮김)》에는 시중쉰의 가계도가 나온다. 시중쉰의 형제는 모두 3남 4녀다. 그에게는 배다른 형과 누나, 친 누나 둘과 남동생이 있다. 재미 있는 것은 친누나 둘은 어머니 치신(齊心)의 성을 따서 치차오차오(齊橋橋), 치안안(齊安安)이라고 개명했다는 점이다. 치차오차오의 회고에 따르면 '시(習)'는 매우 드문 성으로 이목을 끌기 쉬워 아버지가 어머니의 성을 따라 바꾸게 했다는 것이다. 시중쉰 역시 행정가로서, 정치인으로 활동하는 과정에서 아버지의 후광을 등에 업는 일은 가급적 없었던 것으로 알려져 있다.

문화혁명과 시중쉰

시중쉰은 혁명과 전쟁 속에서 성장했다. 약관의 나이에 신중국의 핵심 간부가 될 정도로 마오쩌둥의 찬사를 받았다. 그렇지만 문화혁명 직전에 '황제' 복귀를 노리던 마오쩌둥에게 돌연 파벌싸움의 희생양이 됐다. 그는 죽을 고비를 넘기며 감금과 감시 속에 살았다. 이 때문에 시중쉰의 아들, 딸은 큰 고초를 겪었다.

아홉 살이던 시진핑 역시 하루아침에 온갖 난관에 봉착했다. 역경 속에서 어린 시절을 보내고 오랫동안 아버지를 만나지도 못했다. 하지만 시진핑은 아버지의 실각으로 인해 자신의 정치인생에서 가장 중요한 정치적 자양분을 얻었다. 바로 기층민들과 함께 7년간 동고동락을 하게 된 것이다.

시중쉰은 마오쩌둥이 사망하고 사인방(四人幫)이 체포되고 나서야 복권돼 광둥에서 개혁개방을 주도하게 된다. 1980년 베이징으로 돌아온 시중쉰은 당 중앙서기처 서기가 되었다. 다른 직함도 많지만 시진핑 역시 2007년부터 아버지 시중쉰처럼 중앙서기처 서기로 일했다.

시중쉰은 보수파의 공격으로 실각한 후야오방(당시 총서기)을 정의롭게 변론하고 원칙 준수를 직언하다가 한직으로 밀려난다. 그러나 《시진핑 평전》에서는 오히려 이로 인해 '역사에서 아름다운 이름을 얻었고 당내외의 광범위한 찬사'를 받았기에 '시진핑에게 더 많은 정치적 자원'을 가져다주었다고 평가하고 있다.

시진핑은 다른 후보군에 비해 아버지의 후광이 정치적 자산이 된 아주 드문 지도자라고 볼 수 있다. '피는 속일 수 없다'는 말이 새삼스레 떠오른다. '독재자의 자식'이 차기 대권 운운하는 것에 비하면 중국에 이런 지도자가 있다는 것이 신선해 보이기조차 한다. 허물도 있고 과오도 있는 것이 정치인이라면 시진핑 역시 장점이 많은 만큼 단점도 있을 것이다. 하지만 적어도 대부분의 사람으로부터 존경 받는 아버지의 아들이니 정치인으로서 큰 복이 아닐까 싶다.

시중쉰에 관한 회고나 언론보도는 언제나 '존경'이 따른다. 중국 현대사의 인물을 거론할 때도 늘 시중쉰은 저우언라이와 더불어 인기가 높다. 오랫동안 저우언라이의 비서를 맡은 경험도 시중쉰을 '선비' 같은 이미지로 각인시켰다. 마오쩌둥은 '제갈량보다 더 대단하다'고 시중쉰을 격려했지만 결국 정치적으로 이용했다가 나중에는 '그런 적이 없다'고 속 보이게 발뺌까지 했다. 시진핑이 푸젠성 성장이던 2002년 5월 새벽, 시중쉰은 향년 89세로 조용히 여생을 마감했다.

량자허에서 리더의 기본기를 익히다

하방하다

시진핑은 산시성(陝西省)에서 혁명 원로로 부총리였던 시중쉰의 아들로 태어나서 어렸을 때는 부러운 것 없이 자랐다. 그러나 1962년 류즈단 사건에서 시중쉰이 펑더화이를 지지하다 반당(反黨)집단으로 몰려 오지로 처분되자 1969년, 열여섯 나이에 하방[13]당해 간 곳이 마오쩌둥이 토굴생활을 하던 옌안서도 동북쪽으로 70킬로미터 깊숙이 들어가 있는 량자허(梁家河)라는 마을이었다. 시진핑이 량자허까지 간

13) 중국에서 당(黨)·정부·군 간부의 관료주의를 방지하고 지식인들의 사상을 다진다는 명분으로 이들을 일정 기간 낙후된 산골 벽지나 공장으로 보내 노동에 종사하게 했던 운동을 말한다. 1949년 공산 정권이 수립되고 10년 사이 중앙간부들에게 지나친 관료화 경향이 나타난다고 느낀 마오쩌둥이 1957년에 도입했다. 이후 1976년 문화혁명의 종결과 함께 사실상 막이 내렸다.

이유는 마오쩌둥이 1968년 12월 "지식청년들은 농촌으로 가서 가난한 농촌 속에서 재교육을 받으라"고 지시를 했기 때문이었다. 시진핑을 포함한 베이징 청년학생 열다섯 명이 배당받아 간 량자허라는 산골마을은 옥수수국수밖에 먹을 것이 없는 깡촌이었다. 시진핑은 량자허라는 시골 마을의 산비탈에 만들어진 토굴에서 7년간 갖은 고생을 하며 힘든 청소년 시절을 보내야 했다.14)

도망갔다 돌아오다

그곳에서의 생활이 얼마나 힘들었는지 하방한 청년들이 견디지 못하고 고향으로 도망갔다. 1969년 봄, 시진핑(習近平)을 태운 기차는 중국 베이징을 향해 달리고 있었다. 베이핑(北平, 베이징의 옛이름)에서 태어났다 하여 이름에 '핑(平)' 자를 단 시진핑은 꿈에 그리던 그의 고향 베이징에 가까워지고 있었지만, 금의환향(錦衣還鄕)도 의금지영(衣錦之榮)도 아니었다. 그는 고된 노동과 열악한 생활환경, 주변 사람들의 차가운 시선에 지쳐 량자허를 도망쳐나온 상황이었다.15)

당시 시진핑은 '반동의 자식'이었다. 젊은 나이에 중국 부총리에 올랐던 시진핑의 아버지 시중쉰이 정치적 모함을 받고 수감되면서 집안은 풍비박산이 났다. 시진핑은 수용소에 갇히는 것을 피하기 위해

14) http://weekly.chosun.com.
15) http://blog.daum.net/lkb975788/6123.

도시 지식청년들을 농촌으로 보내는 '상산샤샹(上山下鄉)'을 선택해야만 했다. 상산샤샹은 마어쩌둥이 문화대혁명 때 "지식청년은 농촌에 내려가 재교육을 받아야 한다"며 주도한 운동이다.

살기 위해 농촌으로 내려갔지만 고위층 자제로 부족한 것 없어 자란 어린 시진핑에게 벼룩이 득실거리는 량자허의 토굴생활은 암울하기만 했다. 시진핑은 그해 1월에 상산샤샹을 떠나는 지식청년 전용 기차를 탔으나 3개월도 버티지 못했다. 베이징에 도착한 시진핑은 "지금은 군중에 의지해야 한다"는 친지들의 설득으로 다시 량자허로 되돌아갔다. 가족의 품을 그리워했던 시진핑은 량자허에서 7년간 지내며 건실한 청년으로 성장했다. 그는 100킬로그램에 달하는 보리 가마니를 들고 산길을 뛰어다닐 수 있었고, 어려움에 처한 마을 주민들을 상담해주는 자상함까지 갖췄다. 시진핑은 뒷날 "량자허는 내 인생의 전환점이었다"고 회고했다.16)

량자허의 촌장이 되다

돌아온 시진핑은'반동의 자식'이라는 굴레에 좌절하지 않았다. 그는 번번이 거절당하면서도 공산당의 인재 양성을 위한 청년조직 공산주의청년단(이후 공청단)에 가입하기 위해 끊임없이 신청서를 냈다. 여덟 번 만에 공청단 입단 승인을 받은 그는 공산당 입당에도 성공했

16) ibid.

으며, 이어 지역 생산대의 책임자인 서기에 임명되었다. 이 지역에 상산샤샹으로 내려온 청년 가운데 첫 사례였다. 농민들로부터 배우기 위해 내려간 지식청년이 주민을 이끄는 사람으로 성장한 것이다.

하방한 청년들에게 맡겨진 임무는 물이 모자라는 이곳에 둑을 쌓아 저수지를 만들라는 것이었다. 저수지를 만드는 임무를 맡은 흰 얼굴의 베이징 청소년들은 이후 20년간 이 일을 해야 했다. 이들 가운데 일부는 그 지방에 남아서 살기도 하고, 일부는 베이징으로 돌아갔으며, 그 가운데에는 당간부로 출세한 인물도 있었는데 바로 시진핑이 그 경우다. 이들이 만든 저수지는 지금도 남아 기능하고 있다. 베이징에서 온 학생 열다섯 명을 포함해 이백 명이 참가한 저수지 건설 작업을 지휘한 현지의 여성 대대장은 스위싱(石玉興)이라는 꺽다리 처녀였다. 중국 관영 매체들은 스위싱이 1969년 1월 13일 베이징에서 온 흰 얼굴의 애송이 열다섯 명을 집합했을 때를 이렇게 회상했다고 전한다.

"집합하고 보니 이들이 커다란 상자 하나를 갖고 온 것을 발견했어요. 저는 그 상자에 무슨 금은보화라도 들었나 궁금해서 열어보라고 했는데 책이 들어 있었어요. 그러니 얼마나 무거웠겠어요. 자기네들도 무거운 책 상자를 들고 온 걸 후회하면서 투덜거렸는데, 나중에 알고 보니 그 상자는 시진핑이라는 학생의 것이더군요. 다른 학생들은 일이 힘들어 지쳐서 곯아떨어지는데, 시진핑 학생은 끝내 책을 손에서 놓지 않았어요. 결국 칭화대에 갔고요."[17]

공산당 입당에 성공한 시진핑은 생산대의 서기를 거쳐 1974년에는

17) http://weekly.chosun.com

량자허의 촌장이 되었다. 당시 시진핑의 나이 스물두 살이었다. 시진핑은 2003년 자신이 쓴 회고문에 "처음에는 의지할 사람도 없어 무척 외로웠지만 생활에 적응하면서 내 숙소는 마을회관처럼 변해갔다. 노인들과 젊은이들이 찾아오면 다양한 문제에 대해 상담을 해드렸다. 당지부 서기도 무슨 일이 생기면 나를 찾기 시작했다"고 적었다.

1975년 당시 옌안에는 칭화대학교에 입학할 수 있는 인원이 2명으로 할당되었는데, 시진핑에게 한 자리가 돌아가면서 그는 7년간에 걸친 하방활을 접고 베이징으로 돌아왔다. 문화대혁명의 혼란 속에서 중학교와 고등학교 정규 과정을 거치지 못한 그에게 비로소 학업의 기회가 주어진 것이었다. 당시 부친의 연금생활도 13년 만에 끝나 부활을 눈앞에 두고 있었다.

칭화대에 입학하다

시진핑이 량자허를 나온 해는 촌장을 맞은 1년 후인 1975년이었다. 량자허에서 좋은 평가를 받은 시진핑은 추천으로 칭화대학교 입학 자격을 얻었다. 량자허 마을 사람들 모두 "할 일은 다 하면서도 책 보기를 좋아하는 학생, 공부 열심히 하는 학생"이라고 평가했다. 마을 사람들은 시진핑을 "하루의 작업이 끝난 뒤에 호롱불을 켜고 흙벽돌보다 더 두꺼운 책을 읽던 학생"으로 기억하고 있으며 "시진핑이 읽던 책 가운데에는 마르크스·레닌주의에 관한 것과 수학에 관한 것도 있었다"는 것이 중국 관영 매체의 이야기다. 도시의 다른 학생들은 전기가 들어오지 않는 시골 마을에서 견디기도 힘들어하는데 시진핑 학생은 책까지 읽는 점이 남달랐다고 마을 사람들은 평가했다. 그가 량자허를 떠날 때 마을 주민들 10여 명은 240킬로미터를 배웅하러 와서 여관에서 하룻밤을 같이 보내며 이별을 아쉬워했다고 한다. 아버지의 정치적 멍에를 안고 떠났던 시진핑은 오뚝이처럼 스스로의 힘으로 다시 일어서 베이징에 돌아온 것이다.[18] 뤼씨는 "그가 떠나던 날 일부 마을 사람들이 그를 손수레에 태워 부근 현 정부까지 태워줬습니다"라고 말했다.[19]

산시는 나의 뿌리, 옌안은 나의 혼

2008년 이미 중앙당정치국 상무위원 겸 당무를 총괄하는 서기처 서기에 올라 산시성 인민대표 토론회에 참석한 시진핑이 당시 이런 말을 했다고 중국 관영 매체들은 전한다.

"저는 옌안에서 입당했습니다. 옌안은 저를 키워주었고, 자라게 해주었습니다. 산시는 저의 뿌리이며, 옌안은 저의 혼입니다. 저는 꿈에도 여러 번 옌안으로 돌아간 적이 있습니다. 저의 희망은 적당한 때에 산시성으로 가서 옌안을 돌아보고 그곳 인민과 각급 간부를 가르치

18) http://blog.daum.net/lkb975788/6123.
19) http://weekly.chosun.com.

는 일입니다."[20]

이렇게 보면 시진핑은 중국공산당과 중화인민공화국 헌법이 아직도 버리지 않고 갖고 있는 마르크스·레닌주의와 마오쩌둥 사상에 관한 한 그 기반이 탄탄한 인물이라고 볼 수 있다. 후진타오 국가주석 역시 1942년생으로, 1949년 중화인민공화국 정부 수립 때 일곱 살이었으니 소학교, 중학교, 대학 교육을 마르크스·레닌주의와 마오쩌둥 사상이 시퍼렇게 날이 서 있을 때 교육을 받은 사람이다. 1953년생인 시진핑은 마오쩌둥이 실패작으로 끝난 대약진운동과 문화대혁명을 밀어붙이는 시기에 중·고 교육을 받기는 했으나, 정치적으로는 다소 좌파적인 성향의 인물일 가능성을 배제할 수는 없다.

더구나 아버지 시중쉰이 30대의 젊은 나이에 마오쩌둥의 눈에 들어 출세의 길을 달린 군인이요 행정가였지만, 문화혁명과 함께 반당분자로 낙인찍히는 바람에 시진핑은 인생에서 귀중한 초년고생을 겪은 인물이다. 그러므로 중국 사회의 노블레스 오블리주를 갖춘 인물이라고 평가해야 할 것이다. 아버지 시중쉰은 개혁개방에 대한 생각을 덩샤오핑보다 더 일찍 한 사람으로, 문화혁명이 끝나고 복권된 이후에 개혁개방의 출발점인 광둥(廣東)성에서 최고위 행정가 겸 군구(軍區) 정치위원을 지낸 인물이다. 아버지 시중쉰의 개혁개방에 관한 이러한 생각은 시진핑에게 영향을 미쳤을 것이다.

---

20) ibid.

공산당에 입당하다

시진핑은 1960년대 후반 문화대혁명 당시 공산당 입당원서를 제출했지만 매번 퇴짜를 맞았다. 홍콩 명보(明報)는 시진핑이 공산당 중앙군사위원회 부주석에 선출된 2003년에 직접 쓴 회고문에서 이 같은 사실을 공개했다며 회고문 전체를 신문에 실었다. 회고문은 푸젠(福建)성 대학 교우회 등이 '푸젠 박사의 풍채'라는 제목으로 푸젠성 출신 박사 381명을 조명한 총서에 실려 있다.

시진핑은 중국의 명문 칭화대(清華大)에서 학부를 졸업한 뒤 박사학위까지 취득했다. 이후 푸젠성 당서기를 역임하는 등 공직의 상당 기간을 푸젠성에서 보냈다. 시진핑은 회고문에서 "1969년 '지식청년'으로 분류되어 산시(陜西)성 옌안(延安)시 량자허로 내려갔을 때를 전후해 열 장 이상의 입당 신청서를 썼지만 집안 문제로 허가가 나지 않았다"라고 적었다.21) 그는 국무원 부총리와 전국인민대표대회 부위원장을 지낸 시중쉰(習仲勛)의 장남으로 혁명 원로들의 자녀 그룹인 태자당(太子黨)으로 분류됐지만, 이로 인해 젊은 시절 문화대혁명 때 어려움을 겪었다. 부친이 1960년대 초반 반당(反黨)분자로 몰리면서 모든 직위에서 물러나 사상개조를 받았기 때문이다. 다행히 시진핑은 그를 눈여겨본 현 위원회 서기의 추천으로 부친에 대한 명확한 평가가 나오기 전인 1973년 공산당 입당을 허가받을 수 있었다.

---

21) http://news.kmib.co.kr

회고

그 후 2008년 10월 시진핑은 8,000만 중국공산당원을 이끄는 9명의 정치국 상무위원 가운데 한 명으로 선출된 뒤 장시(江西)성 지방 시찰을 하면서 현지에서 대학생 '촌관(村官)'[22]들과 만나 이렇게 말했다.

"농촌에서 기층(基層)공작을 하는 것은 여러분의 인생에 좌표를 제시해줄 것이며 젊은 시절 농촌에서 일하면 무엇이 군중(群衆)이며, 군중을 어떻게 존중해야 하는지, 무엇이 실사구시(實事求是)이고, 왜 현실을 존중해야 하는지를 가르쳐줄 것입니다"[23]

---

22) 촌관이란 중국에서 학생들에게 지방의 현실을 파악할 수 있게 벽지의 하급 행정관직을 맡아 일정 기간 일하게 하는 제도이다.
23) ibid.

정딩현에서 기층 민중 리더가 되다

경뱌오의 비서로 군생활을 하다

시진핑은 칭화대학교에서 화학공정을 전공했다. 그러던 중 문화대혁명이 끝나고 아버지인 시중쉰은 정치적으로 복권되는 동시에 중국 개혁개방정책을 주도하는 인물로 부상했다. 시진핑에게도 서광이 비췄다. 칭화대학교를 졸업한 시진핑은 1979년 경뱌오(耿飈) 당시 공산당 중앙군사위원회 비서장의 비서가 됐다. 당시 부총리를 겸직하고 있었던 경뱌오는 군의 일상적 업무 등을 담당하는 실세였다. 시진핑이 군부 핵심의 측근으로 발탁된 것은 아버지의 영향이 크게 작용했기 때문으로 보인다.24)

시진핑은 현역 군인 신분으로 경뱌오를 수행하면서 군과 관련한 경

---

24) http://blog.daum.net/lkb975788/6123.

험을 쌓았다. 시진핑의 당시 군 경험은 이후 차기 국가 최고 지도자까지 올라가는 데 일정 부분 기여했을 것이라는 분석이 많다. 공산당 총서기를 두고 시진핑과 경쟁을 벌였던 인사 가운데 군대를 경험한 사람은 없었기 때문이다.[25)]

그 후 시진핑은 1982년 일생일대의 중대한 선택을 한다. 군문의 길을 열어주겠다는 겅뱌오의 제안을 뿌리치고 지방에서 일하겠다고 결심한 것이다. 중국 군부의 높은 위상과 승승장구하던 시중쉰의 영향력, 다른 고위층 자제들이 중앙에 남으려 했던 점 등을 고려했을 때 파격적인 선택이었다. 시진핑의 이 같은 결정은 당시 기준에서는 이례적인 선택이었지만 이후 중국공산당의 인재육성 과정으로 자리 잡았다. 실력 있는 인재들을 지방에 보내 현장경험을 쌓게 하고, 능력을 검증해 고위직으로 발탁하게 된 것이다.

기층 민중의 업무를 지원하다

2000년 시진핑은 인터뷰에서 당시 자신이 기층 업무를 자원한 까닭을 다음과 같이 설명했다.

"당시 많은 사람이 제 결정을 이해하지 못한 것은 사실입니다. 저는 국방부장이자 정치국 위원이었던 겅뱌오 동지의 비서로 일하던 사람이니까요. 겅뱌오 동지 역시 '기층으로 내려가고 싶다면 야전부대로

25) ibid.

가게. 하지만 군이 지방까지 내려가서 기층 업무를 맡을 필요는 없네'라며 저를 만류했습니다."[26]

이어서 그는 "그때 베이징을 떠나 기층 업무를 자원한 사람은 저와 류위안 둘뿐이었습니다. 그는 서우두사범대학을 졸업하자마자 기층 업무를 자원했고, 저는 중앙기관에서 수년간 일하다 자원했습니다.", "류위안은 허난 지역으로 내려갔는데, 그가 베이징을 떠나기 전에 우리는 함께 고위급 관료 자녀 모임에 참석했습니다. 그때 친구들은 우리의 선택을 이해하지 못했습니다. 문화대혁명 때 고생했으니 더 이상 사서 고생할 필요가 없다고 여겼기 때문입니다. 그 가운데는 당시에 고생했던 것을 보상받기라도 하듯 유흥과 향락에 빠져 있는 이들도 있었습니다. 하지만 저는 기층의 순박한 농민들을 잊을 수가 없습니다. 저를 이해하지 못하는 그들에게서 저는 오히려 비애를 느꼈습니다."[27]라고 말했다.

그리고 그는 이렇게 덧붙였다.

"일부 고위급 관료 자녀들 가운데는 지방으로 내려가면 베이징의 호적이 말소될까 봐 두려워 베이징을 떠나지 못하는 이들도 있었습니다. 문화대혁명 때 상산하향은 어쩔 수 없이 마지못해 떠난 것이었습니다. 하지만 그 '어쩔 수 없이 마지못해' 내려갔던 산촌에서 우리는 얼마나 많은 것을 경험하고 배웠습니까? 지금은 문화대혁명 시기에 비해 모든 면에서 훨씬 좋은 환경을 갖추고 있습니다. 이럴 때일수록

---

26) 대륙의 리더 시진핑, 가오샤오, 하진이역, 삼호미디어, 2012, 216.
27) ibid.

기층에 내려가 좀 더 노력하고 고군분투해서 더 많은 성취를 달성하는 것이 옳지 않은가요?"[28]

그렇게 해서 중앙군사위원회 판공청에서 일하던 시진핑은 허베이성 정딩현으로 내려가 현 위원회 부서기가 되었다. 《중화자녀》에는 시진핑이 "허베이성 정딩현에서 첫발을 내디딘 후로 그는 오늘까지 한눈팔지 않고 한 걸음, 한 걸음 정상을 향해 올라왔다"라고 기술하고 있다.

정딩현을 살리다

화베이 평원 중부에 있는 허베이성 정딩현은 예부터 베이징, 바오딩과 더불어 '북방의 3개 진'으로 불렸다. 허베이성의 성도인 스자좡의 북쪽 대문 역할을 하는 곳으로 지리적 이점이 뛰어난 교통 요충지였다. 1983년 봄, 채 서른도 되지 않은 시진핑은 중앙군사위원회 판공청에 사직서를 내고 허베이성에 도착했다. 당시 스자좡 지역위원회 서기였던 셰펑이 일부러 시진핑을 찾아왔다. 셰펑은 20세의 나이에 장자커우 지역의 인민위원회를 이끌었으며, 1986년부터 1988년까지 허베이성 성장을 역임했던 인물이었다.

시진핑은 당시 자신을 환영하기 위해 찾아온 지역위원회 서기 셰펑에게 "제가 주의해야 할 특별한 사항은 없습니까?"라고 물었다. 이에

28) ibid.

셰펑은 "기층 업무를 스스로 자원할 정도의 사람 됨됨이라면 내가 특별히 당부할 말은 없을 것 같네. 또한 자네가 경솔하게 일하는 사람인 것 같지는 않고 말이야. 딱 한 가지 당부하고 싶은 것은 자네가 과거에 산촌으로 하방되었을 때 그곳에서 잘 견딜 수 있었던 것은 막다른 골목에서 유일한 출구를 찾았기 때문이라는 점이네. 나도 자네 이야기는 익히 들어 알고 있네. 당시 반동의 자식으로 몰려서 반혁명분자처럼 산촌으로 하방되었지. 아는 이 하나 없는 낯선 곳에서 선택의 여지조차 없이 오로지 앞만 보며 걸어가야 했겠지. 그래서 산촌생활을 성공적으로 마칠 수 있었던 것 같네. 하지만 지금은 다르네. 이번에는 자네 스스로 선택해서 이곳으로 내려왔네. 이런 자네의 선택을 이해할 수 있는 사람들이 그리 많지 않을 걸세."[29]

정딩현으로 부임한 시진핑은 매우 검소하게 생활했다. 항상 군복을 입고 다녔으며 마을 시찰을 나갈 때는 현의 다른 간부처럼 자전거를 타고 다녔다. 식사도 농가에서 얻어먹거나 관공서 구내식당을 이용했다. 가끔 마을 시찰에서 늦게 돌아와 구내식당이 문을 닫았을 때는 숙소에서 라면으로 끼니를 때웠다.

시진핑은 투철한 업무태도와 추진력으로 정딩현 사람들에게 깊은 인상을 남겼다. 정딩현은 유서 깊은 고장으로 명승고적이 많아서 '고대 건축의 보고'라고 일컬어지는 곳이다. 시진핑이 정딩현에 부임했을 당시 현에서는 관광업을 주력 사업으로 개발할 준비를 하고 있었다. 이때 마침 중국 중앙방송에서 대하 시리즈물로 〈홍루몽〉을 제작

29) ibid., 217.

하고 있었는데, 〈홍루몽〉의 주요 무대인 영국부를 재현한 대형 야외 세트장이 필요했다. 시진핑은 인맥을 활용해 야외 세트장을 정딩현에 유치하는 데 성공했다. 본래 야외 세트장은 드라마 촬영이 끝나면 허물 계획이었다. 그러나 현 위원회에서는 아예 소설속의 영국부를 그대로 재현해 정딩현의 명소로 만들기로 했다.[30]

영국부를 건립하는 데는 300만 위안의 자금이 더 필요했다. 적잖은 액수였지만 현 위원회는 정딩현의 관광 산업을 위해 영국부와 창산공원 건립을 신속하게 결정했다. 현재 중국 홍써관광 사이트에는 정딩현에 대한 설명이 다음과 같이 게시되어 있다.

"정딩현은 중국 북방의 역사문화 도시로 중국에 현존하는 최대 규모의 사찰 가운데 하나인 룽싱쓰가 자리하는 현이다. 또 중국 최대의 청동천수관음불상을 보유하고 있으며 일본 불교의 발상지가 된 린지쓰 등 명승고적이 많다. 그 밖에도 웅장한 규모와 화려함을 뽐내는 영국부와 수려한 경관으로 유명한 창산공원, 각종 유원지와 놀이공원시설을 갖춘 관광도시이다. 정딩현 소재 관광명소들의 1년 입장권 수익이 1천만 위안을 넘으며, 전체 관광소득은 1억 위안에 다다르고 있다."[31]

그러나 시진핑과 현 위원회에서 영국부 건립을 결정할 당시만 해도 반대 여론이 심했고, 근거 없는 헛소문이 급속도로 퍼지고 있었다. 그런 상황에서도 시진핑의 거침없는 추진력을 높게 평가해 다음과 같

30) ibid.
31) ibid., 218.

이 말한 이들도 있었다.

"평소 고상한 인품을 드러내는 것은 쉽지만 재능을 뽐내기는 쉽지 않습니다. 우리는 난관에 부딪혔을 때에만 진정한 능력자를 쉽게 식별할 수 있습니다."

시진핑은 보수주의자들의 반대를 무릅쓰고 영국부 건립을 추진했다. 하지만 이상과 현실 사이에는 항상 괴리가 존재하는 법이다. 영국부를 건립하는 데 필요한 자금이 부족한 상황에 처하게 된 것이다. 1차 시공이 시작되었지만 중간에 시공사에서 자금 부족을 이유로 공사를 중단했다. 공사현장은 폐허로 변할 위기에 처했다. 시진핑은 뒤로 물러날 여지가 없었다. 그는 결사적으로 자금을 조달하기 위해 힘을 쏟았고, 더불어 시공사를 설득했다. 시진핑의 끈질긴 노력 끝에 마침내 영국부가 완공되었고, 전문가들은 영국부는 시진핑의 피와 땀으로 만들어졌다고 평가했다.[32]

그 결과 2년이 지난 뒤에는 주변 사람들의 선입견을 깨끗이 씻어내고 당간부와 지역민들로부터 칭송을 받는 지도자가 되었다. 오늘날 정딩현 사람들에게 영국부는 고장의 자랑거리이자 자부심의 상징이며, 정딩현 관광 산업 발전의 초석이 되었다. 1992년 음력 정월 초하루에 정딩현은 시진핑을 초빙했다. 현의 간부들은 영국부의 1년 관광 수입이 1천만 위안에 달한다며 전임 현 위원회 서기였던 시진핑의 치적을 칭송했다.

---

32) ibid., 226.

원로 간부들을 정성껏 살피다

정딩현 관영 웹사이트에는 시진핑이 생활고에 시달리는 원로 간부들에게 꾸준히 관심을 기울이며 그들을 보살핀 일화가 소개되어 있다. 어느 날 시진핑은 원로 간부국장에게 이렇게 말했다.

"1세대 혁명 간부들은 우리 중국의 보배와도 같은 존재들이다. 앞으로 저녁에 특별한 일이 없을 때는 나에게 오게. 나와 함께 우리 현의 원로 간부들을 한 사람씩 모두 찾아가보세."[33]

그로부터 며칠 뒤 시진핑은 원로 간부국장과 함께 몇몇 집을 찾아가 퇴직한 원로 간부들의 생활상을 살펴보았다. 그는 원로 간부들이 단조롭고 따분한 노년을 보내는 것을 보고 현 간부들과 대책방안을 논의했다. 논의 끝에 원로 간부들이 노년을 즐겁게 보낼 수 있게 정딩현 정부 청사의 대회의실을 원로 간부들의 활동실로 개방하기로 결정했다. 또한 이곳에서 신문이나 책을 읽거나 혹은 다양한 문화 활동을 즐길 수 있게 배려했다. 그리하여 원로 간부들은 대회의실에서 좌담회나 송년회를 열어 퇴직생활을 풍성하게 즐길 수 있게 되었다.

그뿐 아니라 당시는 현 위원회나 현 정부에 관용차가 제공되지 않던 시대였다. 시진핑은 원로 간부들이 편안히 사용할 수 있게 원로 간부국에 수입 자동차 한 대를 제공했다. 반면에 자신은 한참 뒤에야 국산 지프를 마련해 타고 다녔다. 원로 간부들을 위한 그의 조치는 당시 현급 기관에서는 감히 엄두조차 낼 수 없는 파격적인 조치였다.

---

33) ibid.

시진핑은 푸젠성으로 발령이 나자 임기 마지막 날이 다가와서야 업무회의에서 푸젠성으로 가야 한다는 사실을 밝혔다. 순간 회의장 안에 적막이 감돌더니 전임 현장 왕스궁이 일어나서 말했다.

"우린 솔직한 심정으로 자네가 이곳을 떠나지 않았으면 하는 바람이네!"[34)]

2005년 12월 저장성 위원회 서기로 있던 시진핑이 허베이성 정딩현 대표단을 접견했을 때의 일이다. 그는 자신이 정딩현에서 머무른 기간이 너무 짧아 지역민을 위해 많은 일을 하지 못한 아쉬움을 다음과 같이 토로했다.

"정딩현은 제가 당간부로 일을 시작한 출발점으로 저에게는 제2의 고향입니다. 당시 저는 관광업과 무역업을 발전시켜야 한다고 주장했는데, 정딩현의 관광산업은 중국 관광업 발전의 본보기가 되었습니다. 하지만 안타깝게도 재임 기간이 짧아 많은 일을 하지 못했습니다. 저는 지금도 정딩현의 발전에 많은 관심을 기울이고 있으며 여러 차례 방문한 적이 있습니다. 갈 때마다 정딩현의 변화된 모습을 보노라면 참으로 감개무량합니다. 현재 정딩현은 대외 무역을 기간산업으로 삼아 발전시키려고 하고 있는데, 이는 매우 옳은 선택입니다. 저 역시 적극적으로 지지하는 바입니다."[35)]

시진핑은 이어서 이렇게 덧붙였다.

"정딩현은 지난 수년간 발전을 거듭한 가운데 철로, 고속도로, 공항

---

34) ibid.
35) ibid., 227.

설비를 완비해 교통의 중추적인 역할을 담당하게 되었습니다. 또 문화도시 건설 방면에서도 놀라운 성과를 거듭하고 있습니다. 앞으로도 기간산업인 대외 무역이 활발하게 이루어질 수 있게 정딩현 정부에서 잘 이끌어나가야 합니다."[36]

36) ibid., 228.

샤먼, 닝더, 푸저우의 리더가 되다

푸젠성으로 가다

1980년 중반에는 당 중앙에서 행정간부들을 지방에 파견하는 것이 하나의 통과의례였다. 이 때문에 고위급 간부 자녀 상당수가 기층 근무를 자원해 베이징을 떠나 지방으로 내려갔다. 위정성도 당시 중앙 조직부에서 육성하던 차세대 리더였다. 그는 덩푸팡의 지원을 받아 옌타이로 내려가서 경험을 쌓았다.[37]

당시 기층 근무를 자원한 사람 가운데 후야오방의 며느리 안리도 있었다. 안리는 전임 중앙조직부부장 안쯔원의 딸로 칭화대학을 졸업한 재원이었다. 샤먼시로 내려가 기층 업무를 시작할 당시만 해도

37) ibid., 231

안리는 정식 당원이 아니었지만 기층 업무부터 시작해 나중에는 샤먼시 부시장 직위까지 올랐다. 시진핑은 이들보다 한발 앞서 기층 업무를 자원한 셈이다. 위정성이 베이징을 떠날 당시 시진핑은 이미 허베이성 정딩현에서 일하다가 푸저우성 샤먼으로 전근했다. 폐쇄적이고 낙후한 정딩현에서 이른바 중국의 개혁개방을 선두에서 지휘하던 연해 특구로 옮겨간 것이다. 이러한 파격적인 인사이동이 가능했던 것은 부친의 후광과 자신의 노력이 있었기 때문이었다.

당시 푸저우성에서 근무하던 누군가가 시진핑에게 이러한 질문을 던진 적이 있었다고 한다.

"행정관료로서 이처럼 탄탄대로를 걷는 것은 아버지가 든든한 배경이 되어주기 때문 아닌가요?"

이에 시진핑은 예상외로 솔직하게 대답했다.

"그야 물론입니다. 저보다 능력 있는 사람은 사방 천지에 깔려 있습니다. 그런데도 제가 이처럼 순탄하게 성공가도를 달릴 수 있는 것은 어린 시절부터 아버지를 따라다니며 많은 정계 원로들과 친분을 쌓은 덕분이라고 할 수 있을 것입니다. 하지만 저는 그 누구보다도 열심히 노력했습니다. 스스로 노력하고 고군분투하면서 제 인생을 개척했습니다."[38]

푸젠성의 정계 관계자는 당시 시진핑이 푸젠성으로 부임하게 된 것은 푸젠성 위원회 제1서기 샹난과 관련이 깊다고 말했다. 샹난 역시 시중쉰과 마찬가지로 후야오방의 절대적인 지지를 받는 개혁파의 선

38) ibid., 232.

봉장이었다. 그는 1980년대 초반 광둥성과 푸젠성의 개혁을 진두지휘한 인물로 시중쉰과도 개인적으로 돈독한 친분을 유지하고 있었다.

시중쉰과 샹난은 여러 모로 비슷한 면이 많았다. 우선 성격이 직설적이고 자기 입으로 내뱉은 말은 반드시 실천하는 부분이 같았다. 정치 스타일에서도 개방적인 사고방식으로 과감하게 개혁을 추진하는 면이 비슷했다. 심지어 정치적 운명도 비슷했는데 1980년대 후반, 두 사람 모두 보수파의 공격으로 배척과 정치적 보복을 당했다.[39]

바로 이러한 인맥을 통해 시진핑은 허베이성에서 푸젠성으로 옮겨왔다. 샹난은 시진핑을 그가 직접 건설한 샤먼 특구에 배정했다. 이로써 시진핑은 장장 17년 동안 푸젠성에서 행정관료로 착실하게 입지를 닦을 수 있었다. 비록 중간에 정치적 좌절을 맛보았으나 시진핑은 다시 기용되어 승승장구했다. 시진핑에게 샹난은 그 누구보다도 고맙고 존경스러운 존재였다. 푸젠성 행정관리들 사이에서는 두 사람을 부자지간이라고 칭할 만큼 사이가 돈독했다.

샤먼에 부임하다

1985년 6월 1일 시진핑은 32세 생일에 샤먼으로 부임했다. 허베이성에서 푸젠성으로 전임한 일은 시진핑의 정치적 생애에서 중요한 전환점이 되었다. 일부 평론가들은 시진핑이 아버지와는 다르게 정

---

39) ibid.

계 진출이 매우 순조로웠다고 평가했다. 별다른 풍파를 겪지 않고 2~3년마다 한 단계씩 진급했기 때문이다. 이에 대해 시진핑 역시 다음과 같이 말한 적이 있다.

"32세 생일에 저는 허베이성을 떠나 샤먼에 발을 내디뎠습니다. 제 인생이 새로운 국면으로 접어드는 순간이었습니다. 그날 저는 샤먼시 부시장이 되어 생일을 맞았습니다. 샤먼시 행정 당국자들이 부임을 축하하며 한턱내겠다고 하기에 저는 오늘이 제 생일이라고 말했습니다."

시진핑은 샤먼시에 부임할 당시의 설레던 마음을 떠올렸다.

"당시 제가 열망을 품고 샤먼에 왔던 것은 개혁개방에 직접 참여해 직접 경험해보고 싶은 마음에서였습니다."[40]

이와 같은 말을 통해 시진핑이 상부기관에 샤먼시로 배정해줄 것을 적극적으로 요구했다는 사실을 짐작할 수 있다. 개혁개방의 최전선인 연해 지역 경제특구에서 행정 경험을 쌓아 자신의 앞날을 개척하기 위한 목적이 있었던 것이다. 이는 허베이성에서 근무하던 시진핑을 시찰했던 중앙조직부 청년 간부국 책임자의 말에서도 엿볼 수 있다.

"시진핑은 능력이 출중하고 매우 영리했습니다. 그는 착실하게 자신의 임무에 최선을 다한다면 고위급 간부까지 올라갈 수 있다는 사실을 잘 알고 있었습니다."[41]

시진핑은 샤먼시로 부임한 지 1년 만에 부시장에서 상무부시장으

40) ibid., 244.
41) ibid.

로 승진해 시의 모든 업무를 맡게 되었다. 당시 샤먼시 위원회 서기 왕젠솽과 샤먼 시장 쩌우얼쥔은 시진핑이 고위급 간부의 아들이라고 위세를 부리기는커녕 매우 소박하고 검소했다고 입을 모아 칭찬했다. 시진핑은 샤먼에서 근무하는 동안 누구보다 열심히 업무에 몰두하면서도 지극히 검소한 생활을 했다. 예를 들어 식사는 항상 시 정부 청사 구내식당에서 했고 옷 세탁도 자신이 직접 했으며 술과 유흥은 멀리했다. 그리고 시 위원회와 시 정부의 행정관리들과 허물없이 어울리며 돈독한 관계를 유지했다. 시진핑은 당시를 회상하며 말했다.

"샤먼으로 부임한 지 얼마 지나지 않아 경기 과열 현상이 일어났습니다. 당 중앙과 국무원에서는 과열 경기를 진정시키기 위해 긴축정책을 펼쳐 경제질서 안정에 주력했습니다. 이로 말미암아 자금 조달이 어려워져서 샤먼시의 개혁개방은 속도가 늦춰질 수밖에 없었습니다. 샤먼시 행정관리들은 제가 그들을 도와 냉각된 지역경제에 변화를 가져다주기를 희망했습니다. 그러나 저는 그들에게 긴축정책도 일종의 기회가 될 수 있다고 설명했습니다. 개혁개방이라는 장거리 경주를 성공적으로 완주하려면 때로는 잠시 쉬어가는 것도 필요하다고 말입니다. 그들은 항구 개발과 철로 보수 공사, 신도시 설립을 건의했지만 저는 급하지 않다고 고개를 저었습니다. 현재 샤먼시의 경제적 기반이 약하기 때문에 대규모 공사는 다음으로 미루는 것이 좋다고 판단했기 때문입니다. 지금은 실사구시 원칙에 따라 착실하게 기반을 닦는 일에 열중할 것을 주문했습니다."[42]

---

42) ibid., 243.

시진핑이 샤먼으로 부임한 뒤 성 위원회의 제1서기 샹난은 많은 도움과 자상한 충고를 아끼지 않았다. 샹난은 샤먼시를 방문할 때마다 시진핑과 함께 도시 관리와 도시 발전 업무에 대해 많은 대화를 나누었으며 조언도 아끼지 않았다. 시진핑의 회상에 따르면, 1985년 시진핑과 샹난은 푸젠 고속도로 건설계획을 구상하며 논의를 한 적이 있었다. 당시만 해도 중국 내륙에는 고속도로가 갖춰져 있지 않은 상태였다. 하물며 일개 지방정부에서는 고속도로 건설을 엄두조차 내지 못하던 시절이었다. 그만큼 샹난은 멀리 앞을 내다볼 줄 아는 인물이었다.

또한 샹난은 국영기업에 좀 더 많은 권한을 줘야 한다고 적극적으로 주장했다. 그는 도급경영책임제를 도입해 기업에 진정한 경영 자율권을 부여해야 한다고 주장했다. 샹난은 푸젠성의 열악한 기반 설비를 개선하기 위해 향진기업을 전폭적으로 지원했다. 또 전국 최초로 각 현에 '향진기업국'이라는 전담 부서를 설치했다. 이러한 제도적, 물질적 지원으로 푸젠성의 향진기업은 단기간에 눈부신 성장할 수 있었다. 향진기업이 성장하자 샹난은 향진기업을 푸젠성의 경제발전을 이끄는 기폭제로 삼아야 한다고 주장했다. 실제로 당시 향진기업들은 푸젠성 경제발전의 주역이자 선두 주자 역할을 톡톡히 하고 있었다. 당시 샹난이 향진기업을 전폭적으로 지원한 경제정책은 매우 명철하고 현명한 선택이었다.[43]

시진핑이 샤먼시로 부임했을 당시 그는 처음으로 대도시 행정관리

43) ibid.

를 책임지게 된 데다 경제특구 업무 경험은 전혀 없는 상태였다. 샤먼시에서 보낸 3년 동안 그는 숱한 시행착오와 실패를 겪으며 경험을 쌓아갔다. 그는 당시를 회상하며 이렇게 토로했다.

"샤먼에서 3년 동안 일하면서 저는 많은 것을 보고 배웠습니다. 당시 3년간 경제특구에서 일한 경험은 훗날 제 정치 활동에 큰 자산이 되었습니다."

2010년 2월 5일 샤먼시 행정관리들이 베이징으로 업무보고를 하러 왔을 때 시진핑은 당시를 회상하며 이렇게 말했다.

"샤먼시는 저에게는 정든 고향과도 같은 곳입니다. 당시 샤먼섬의 일부 마을들은 매우 낙후해 있었습니다. 저는 농촌의 빈부격차 해소를 위해 마을의 간부들과 자주 만나 여러 시책을 논의하곤 했습니다. 지금도 그때의 마을 사람들이 눈에 선합니다. 기회가 닿으면 샤먼시에 찾아가 그들을 만나고 싶습니다."[44]

샤먼에서 겸손함을 배우다

시진핑은 처음 발을 디뎠을 때의 푸젠성의 첫인상을 다음과 같이 회상했다.

"당시 푸젠성은 제가 상상했던 것보다 훨씬 낙후한 지역이었습니다. 1985년 6월에 샤먼시로 부임했는데, 푸저우에서 샤먼까지 가는

---

44) ibid.

데 무려 여덟 시간이나 걸렸습니다. 도로는 좁고 교통은 매우 불편했습니다. 샤먼 역시 제 예상을 빗나갔습니다. 예로부터 '바다 위의 정원'이라고 불릴 만큼 아름다웠던 도시의 모습은 어디에서도 찾아볼 수가 없었습니다. 모든 것이 낡았고 오래된 회색 도시 느낌이었습니다. 샤먼의 한 행정관리는 저에게 샤먼섬은 낡고 해진 옷을 걸쳐 입은 아리따운 소녀 같다고 말해주었습니다."[45)]

푸젠성으로 내려온 뒤 시진핑은 자신의 몸을 낮추고 겸손하게 행동했다. 그는 각계각층의 사람들과 허물없이 어울리며 친분을 쌓았다. 일부 평론가들은 시진핑의 그러한 태도를 가리켜 '겸손한 성격'이라기보다는 '꼬리를 내릴 줄 아는 처세술'이라고 표현하는 것이 정확하다고 지적했다. 시진핑은 아버지가 숙청되자마자 하루아침에 온 가족이 나락으로 떨어져 고통스러운 시간을 보냈던 과정을 겪으며 성장했다. 권세가 있을 때는 아부하고, 몰락하면 푸대접하는 야박한 세상인심을 꿰뚫은 것이다. 당시는 태자당이 정권을 쥐락펴락하면서 대중의 반감과 불만이 팽배하던 시기였다. 그러한 사회적 분위기 속에서 시진핑은 매우 현명한 처세를 한 셈이다.

시사주간지 《난팡저우모》는 시진핑이 대외적으로는 자신의 존재를 내세우지 않았지만 사적으로는 활발한 사교활동을 했다고 평가했다. 그는 학습력과 사교성이 뛰어난 자신의 장점을 최대한 살려 다양한 부류의 사람들과 친분을 쌓았다. 당시 시진핑과 수차례 왕래가 있었던 한 유학생은 그때의 시진핑을 지금도 선명히 기억하고 있다.

---

45) ibid., 244.

"당시 그는 30대 초반의 젊은 지도자였습니다. 그의 명함을 보고 저는 깜짝 놀라고 말았습니다. 경제특구를 책임지는 행정의 수반이 이처럼 젊을 줄은 꿈에도 몰랐으니까요."46)

그 유학생은 훗날 미국에서 생활을 하던 중에 또 한 차례 시진핑과 만났다. 당시 푸저우시 위원회 서기였던 시진핑이 미국 시찰을 나왔던 것이다. 회사법 관련 설명회에 참석한 시진핑은 제일 앞자리에 앉아서 강연자의 설명을 열심히 메모하며 쉴 새 없이 질문을 던졌다.

영어 통역으로 인연을 맺게 된 뒤 시진핑은 매번 새해가 되면 바다 건너 이국땅에서 공부하는 그 유학생에게 잊지 않고 연하장을 보냈다고 한다. "정부 고위직에 있으면서 저를 이처럼 챙겨준 것만 봐도 그가 얼마나 세심하고 사교술이 뛰어난지 짐작할 수 있었습니다"라고 그 유학생은 회고했다.47)

2007년 시진핑이 상하이시위원 서기가 된 뒤 산시의 어느 네티즌은 인터넷에 〈시진핑에 대한 기억〉이라는 글을 올렸다. 1986년 그는 샤먼대학의 대만문제연구소에서 연구원으로 일할 당시 시진핑과 만난 일을 기록했는데, 내용은 대략 다음과 같다.

"필자가 샤먼의 연구소에 도착한 날 동료가 뜻밖의 소식을 알려줬습니다. 시진핑이 산시성 출신 연구원들에게 저녁 식사를 대접할 예정이라는 것입니다. 필자는 그때야 비로소 시진핑이 샤먼의 상무부시장이라는 사실을 알았습니다. 저녁 여섯 시 즈음 시진핑의 비서가

46) ibid.
47) ibid.

연구원들을 데리러 왔습니다. 연구원들이 호텔에 도착했을 때 시진핑은 미리 와서 기다리고 있었습니다. 그는 산시성 출신의 연구원들을 반갑게 맞이하며 구수한 산시 사투리로 '고향 사람들을 샤먼에서 만나니 참으로 반갑습니다'라며 악수를 청했습니다."

시진핑은 여러 연구원의 간단한 자기소개를 듣다가 같은 마을 출신이라는 사실을 알고 나면 벌떡 자리에서 일어나 이렇게 건배를 청했다고 한다.[48]

"자네는 고향에 돌아가면 고향 사람들에게 안부 좀 전해주게. 나 시진핑은 항상 고향을 가슴에 담고 살고 있으며 언젠가는 고향을 한 번 찾아갈 것이라고 말일세. 자, 우리 그런 의미에서 건배하세!"

이러한 모습에서 시진핑은 의리 있고 정이 많은 사람이라는 사실을 알 수 있다. 덧붙여 다음의 대화에서 시진핑이 정을 중시하는 성격이라는 것을 알 수 있다.[49] 술기운이 돌아서 마음의 긴장감이 풀어져서인지 아니면 편안하고 허물없는 시진핑의 모습에 친숙함을 느꼈는지, 그 연구원은 시진핑에게 대뜸 이렇게 물었다고 한다.

"산시 사투리가 유창한데 도대체 어디서 배운 겁니까?"

이에 시진핑은 껄껄거리고 웃으며 말했다고 한다.

"산베이 지역에서 생산대 활동을 했었네. 하지만 그보다는 아버지가 집에서 항상 사투리를 썼기 때문에 쉽게 배울 수 있었네. 우리 아버지는 항상 이렇게 말씀하셨네. 모든 것을 다 버리더라도 고향 사투

48) ibid., 245.
49) ibid.

리를 버려서는 안 되고, 모든 것을 다 잊더라도 자신의 뿌리인 고향을 잊어서는 안 된다고 말일세."[50]

닝더에서 청백 리더가 되다

샤먼에서 3년간 근무하던 시진핑은 푸젠성의 낙후 지역인 닝더로 전근하게 되었다. 표면적으로는 지역위원회 서기로 승진한 것이었지만 이는 어디까지나 빛 좋은 개살구에 불과했다. 국내외적으로 주목받는 경제특구인 샤먼에서 가난하고 낙후한 닝더 지역으로 옮겨 간 것 자체가 '직위강등'이라는 의미를 내포하고 있었기 때문이다. 시중쉰이 후야오방의 낙마로 정치적 입지가 크게 약해지면서 당내에서 유명무실한 존재로 냉대를 받고 있을 때 시진핑은 닝더로 가게 되었으나, 그것은 오히려 시진핑의 탁월한 업무능력을 높이 평가받는 기회가 되었다.

1988년 천광이, 왕자오궈 등의 새로운 지도자들로 구성된 차기 푸젠성 위원회가 출범하면서 시진핑은 닝더 지역위원회 서기로 임명되었다. 당시 35세였던 그는 푸젠성 내 지역위원회 서기들 가운데 가장 젊었다. 시진핑은 당시 자신의 보직을 닝더로 배정한 것은 바로 푸젠성 위원회 부서기 겸 조직부장 자칭린이었다고 밝혔다. 샤먼 경제특구에서 닝더로 옮기게 된 배경에 대해 시진핑은 다음과 같이

50) ibid.

설명했다.

"당시 제가 닝더 지역으로 옮겨가게 된 내막은 이렇습니다. 샤먼에서 3년 동안 부시장을 맡았는데, 임기 말에는 주로 상무적인 업무를 맡아 개혁개방과 특구건설 추진에 관한 일을 도맡아 처리했습니다. 성 위원회에서는 내가 샤먼에서 근무하는 동안 보여준 추진력과 개혁 방면의 경험을 높게 평가해 닝더 지역위원회 서기로 전근한 것입니다."[51]

그는 이어서 말했다.

"당시 자칭린 동지가 성 위원회 부서기이자 조직부장이었는데, 어느 날 저를 찾아와 이렇게 이야기했습니다. '성 위원회는 시진핑 동지를 닝더로 보내 그 지역을 완전히 새롭게 바꿔주기를 바라고 있습니다. 닝더 지역은 경제기반이 약해 경제성장이 더딥니다. 성 위원회에서 회의를 열 때면 닝더의 대표는 항상 맨 뒷자리에 앉기 일쑤입니다. 가난한데다 낙후 지역이라 발언권도 없는 셈이지요. 그래서 시진핑 동지가 그곳에 가서 과감한 개혁을 통해 새로운 도시로 닝더를 바꿔주기를 바라고 있습니다'라고 말입니다."

시진핑은 당시 푸젠성 위원회 서기 천광이와 성장 왕자오궈 모두 그를 지지하고 격려했다고 말했다. 관영 매체는 당시 닝더를 이렇게 소개했다.

"닝더는 교통이 불편하고 지리적으로 궁벽한 곳에 자리해 오랫동안 낙후한 지역이다. 서쪽으로는 우이산, 동쪽으로는 바다와 인접해 있

51) ibid., 262.

으며, 북쪽으로는 원저우와 맞닿아 있지만 커다란 산맥으로 가로막혀 있다. 또 남쪽으로는 푸저우가 있으나 중간에 산봉우리가 첩첩이 놓여 있어서 산길이 무려 100여 킬로미터에 이른다. 그래서 자동차로도 네다섯 시간이 소요된다. 닝더 시가지 역시 주로 산지로 이루어져 있고 평원은 4퍼센트에 불과하다."[52]

1988년부터 1990년까지 시진핑은 닝더 지역위원회 서기로 있으면서 제대로 갖추어져 있지 않은 사회 기초 설비와 경제적 기반이 취약한 단점을 보강하는 데 주력했다. 그는 행정간부들에게 '낙숫물이 바위를 뚫는다'는 정신으로 도시 발전에 총력을 기울여야 한다고 독려했다. 그리하여 마침내 닝더는 양적 · 질적 변화를 통해 새로운 도시로 거듭났다.

시진핑이 회상하기를, 당시 그가 닝더에 도착하자마자 통화 팽창과 경기 과열로 당 중앙과 국무원에서는 긴축정책을 시행하고 경제질서를 바로잡는 데 주력했다. 때문에 시진핑이 도시개혁을 위한 특별조치를 취할 만한 여건이 제대로 마련되지 않았다.

"모두 변화를 열망하고 있었습니다. 제가 닝더에 큰 변화를 가져다 줄 것이라고 기대했지만 저는 그들이 원하는 기적을 만들어줄 수가 없었습니다. 저는 그저 긴축정책 아래에서 경제질서를 확립하는 데 주력하는 것도 좋은 기회가 될 수 있다며 기운을 내라고 설득했습니다. 물론 보통 신임 관료들처럼 호언장담으로 지역민들의 마음을 들뜨게 하고 내친김에 나의 지위를 확고히 다질 수 있었으나 그 순간이

52) ibid., 263.

지나고 나면 희망은 더 큰 실망으로 다가오기에 저는 그렇게 할 수가 없었습니다."[53]

시진핑은 이어서 "대신 저는 장기적이고 지속 가능한 도시발전정책을 펼쳤습니다. 그들은 항구를 세우고 원저우와 연결되는 철로를 만들고, 구 시가지를 철거한 뒤 신도시를 세워주기를 바랐습니다. 하지만 나는 경제적 기반이 취약한 상태에서 대규모의 도시 건설은 어렵다고 반대했습니다. 대신 실사구시적인 방식에 근거해 도시 기반을 닦는 일부터 차근차근 하자고 설득했습니다."[54] 라고 말했다. 그리고 이어서 다음과 같이 강조했다.

"저는 '낙숫물이 바위를 뚫는다'라는 말이 내포한 힘을 믿으며 성장해왔습니다. 매사에 잔머리를 굴려 길을 에둘러 갈 필요가 없습니다. 이솝 우화의 '토끼와 거북이'에서 거북이처럼 착실하게 한 걸음 한 걸음 열심히 내딛으면 반드시 성공하는 법입니다. 물론 그러기 위해서는 장기적인 계획이 필요했습니다. 어차피 저는 닝더에서 오래 머무를 계획이었기에 그 또한 특별히 문제될 것은 아니었습니다."[55]

시진핑은 닝더에서 일하는 동안 주로 네 가지 일에 주력했다. 하나는 개방적인 사고방식으로 지역발전을 위한 창의적인 방법을 모색하는 것, 둘째는 능력이 뛰어난 인재를 발탁하는 것, 셋째는 빈곤퇴치를 위한 실질적인 방법을 찾는 것, 넷째는 닝더 특유의 지리적 특성을 최대한 살린 지역종합개발정책을 세우는 것이었다.

---

53) ibid.
54) ibid., 263.
55) ibid., 264.

청렴한 리더의 본을 보이다

닝더의 행정을 책임지면서부터 시진핑은 시골 마을을 시찰하는 습관이 생겼다. 당시 샤당향은 향으로 승격된 지 얼마 되지 않은 신설향 가운데 하나였다. 시진핑은 이러한 신설 향의 주민들과 산업 현황에 많은 관심을 쏟으며 자주 시찰에 나섰다. 당시 샤당향은 아직 도로가 개통되지 않아서 인근 마을에 차를 대고 5킬로미터를 도보로 걸어가야 했지만 시진핑은 전혀 개의치 않았다.

당시 닝더 지역위원회 서기 판공실에서 근무하던 푸저우 과학기술국 부국장 정서우핑은 시진핑이 부임하자마자 닝더시는 푸젠성 최초로 민원상담제도를 신설했다고 밝혔다. 이와 관련해 시진핑은 자신의 오랜 습관에 대해 말했다.

"저는 닝더에 가자마자 맨 먼저 닝더의 역사가 기록된 지방지를 샅샅이 훑어봤습니다. 한시라도 빨리 그곳의 주요 현황을 파악하려면 역사 기록을 살펴보는 것이 가장 효과가 있기 때문인데, 이는 저의 습관이기도 합니다. 예전부터 저는 각 지방을 여행할 때는 맨 먼저 그곳의 지방지를 훑어봤습니다. 그 지방의 지리적 환경이나 민속, 상인, 특산물을 쉽게 알 수 있기 때문입니다."[56]

시진핑은 닝더의 지방지를 살펴보면서 닝더의 경제가 낙후한 원인을 파악할 수 있었다. 전통적인 풍습에서 벗어나지 못한 닝더 지역 사람들은 집을 짓고, 조상의 묘소를 화려하게 꾸미고, 결혼하는 것에 큰

56) ibid., 265.

의미를 부여하고 있었다. 이러한 연유로 시진핑이 부임하기 수년 전부터 닝더의 수많은 간부 사이에 내 집 마련 열풍이 불어닥쳤다. 간부들은 집 지을 돈이 부족하자 권력을 남용해 부정부패를 저질렀다. 이에 시진핑은 부임하자마자 "부정부패의 원흉을 잡아들여 악을 제거한다"라는 강경한 조치를 취해 내 집 마련 열풍에 제동을 걸었다. 시진핑은 지역위원회 업무회의에서 다음과 같이 말했다.

"여기서 우리는 누가 누구에게 잘못을 저질렀는지 명확히 따져야 합니다. 법을 어기고 토지를 점거해 집을 짓는 것은 사리사욕을 채우기 위해 당의 권위와 이미지를 망치는 행위입니다. 이는 당과 인민에게 죄를 짓고, 당의 기율과 국법을 어긴 행위입니다."[57]

처음 닝더에 왔을 때 시진핑은 온화하고 겸손한 인상으로 지역민들에게 친근한 느낌을 주었지만 상황에 따라 불같이 화를 내기도 했다.

"제가 화를 내는 경우는 크게 두 가지로 나눌 수 있습니다. 하나는 그야말로 감정적으로 치미는 분노를 억제하지 못해 밖으로 표출하는 경우이고, 또 하나는 의도적으로 화를 내는 경우입니다. 이럴 때는 일부러 책상을 크게 내리치는데, 그래야 효과가 크기 때문입니다."[58]

닝더에서 근무하는 동안 시진핑은 불같이 화를 낸 적이 여러 번 있었다. 그때의 상황에 대해 시진핑은 설명했다.

"당시 닝더의 간부들 사이에서는 불법으로 토지를 점거해 집을 짓는 일이 유행이었습니다. 일반 시민들이 부정부패의 상징인 그 집들

57) ibid., 266.
58) ibid.

을 보고 얼마나 화가 치밀었겠습니까?"

시진핑은 당시 닝더에서 불법으로 집을 지은 사람이 거의 수천 명에 달했다고 말했다. 그는 기율위원회 부서기에게 이렇게 물었다.[59)]

"인민대중의 의견이 중요합니까, 중요하지 않습니까?"

"중요합니다."

기율위원회 부서기가 대답하자 시진핑은 또다시 물었다.

"그럼 지금 간부들이 불법으로 집을 짓는 일이 현재 가장 심각한 문제입니까, 아닙니까?"

"문제입니다."

"그럼 300만 닝더 시민의 노여움을 사는 것이 낫습니까 아니면 3천여 명의 공산당 간부들의 미움을 받는 게 낫습니까?"

"그야 물론 간부들의 미움을 받는 게 낫겠지요."

시진핑은 탁자를 쾅 내리치며 결연한 표정으로 말했다.

"그럼 우리가 합세해서 부정부패를 저지른 간부들을 몰아냅시다. 난관이 우리 발목을 잡더라도 뒤돌아보지 말고 앞으로 나가봅시다."

결국 수천 명에 이르는 간부들이 죄목에 따라 각각 처벌을 받았다. 당시 처벌을 받았던 닝더시 간부들이 원망하지 않았느냐는 질문에 시진핑은 이렇게 대답했다.

"그들은 특별히 저를 원망하지 않았습니다. 오히려 제가 닝더를 떠날 때는 작별을 아쉬워했습니다. 그들도 제가 제 개인의 이익을 위해 그들을 처벌한 것이 아니라는 사실을 잘 알고 있었기 때문입니다. 당

---

59) ibid., 266-267.

간부들이 인민의 이익을 해치는 일을 절대로 해서는 안 되기에 전 그저 공정하게 일을 처리한 것뿐입니다."

그 밖에도 공명정대한 시진핑의 업무 원칙과 관련한 또 하나의 사례가 있다. 시진핑이 닝더 지역위원회 서기로 일할 때 중앙조직부 부부장을 맡았던 리리안이 푸저우 지역으로 간부 시찰을 나온 적이 있었다. 이때 그는 시진핑이 60만 위안 상당의 뇌물을 되돌려준 이야기를 전해 들었다. 리리안은 산시성 출신으로 과거 시중쉰이 일했던 서북 지역에서 근무했으며, 1960년대에는 중앙조직부 부부장을 맡았던 인물이다. 중국공산당의 고위급 간부로 그가 푸젠성으로 간부 시찰을 나올 당시 시진핑은 닝더 지역위원회의 서기를 맡고 있었다.

리리안이 회상하기를, 시중쉰 휘하에서 오랫동안 일하며 서로 친숙했던 사이였기에 시진핑은 자신을 '리 아저씨'라고 불렀다고 한다. 그처럼 친했던 리리안이 푸젠성으로 파견 나왔지만 시진핑은 그를 먼저 찾아가지 않았다. 리리안이 먼저 연락하자 그제야 찾아왔다.[60]

"당 중앙에서 시찰 나온 나에게 잘 보이려고 모두 안달이 났는데, 자넨 왜 나를 찾아오지 않았는가?"

리리안의 질문에 시진핑은 대답했다.

"제가 어떻게 먼저 아는 체를 하며 찾아오겠습니까?"

리리안은 또 시진핑이 60만 위안 상당의 뇌물을 돌려주었다는 이야기를 떠올리고 물었다.

"푸젠성에서 자네만 그 선물을 돌려준 사실을 알고 있는가? 그건 왜

---

60) ibid., 268-269.

돌려주었나?"

"그건 마땅히 돌려줘야 할 돈이었습니다. 전 다른 간부들도 저처럼 돌려준 줄 알았습니다."

리리안은 시진핑이 돌려준 60만 위안의 뇌물이 무엇인지 정확히 밝히지 않았지만, 1980년대 당시 60만 위안은 거액에 속했다. 푸젠성에서 가난하기로 소문난 닝더의 행정관료에게 이러한 거액의 뇌물이 들어올 정도였으니 당시 정계의 부정부패가 얼마나 심각했는지를 엿볼 수 있다.

시진핑은 자발적으로 뇌물을 돌려준 일로 닝더에서 청렴결백한 행정관료로 널리 칭송받았다. 또 리리안을 비롯한 공산당 원로 간부들이 그를 우러러보게 되었다. 수년 후 관영 매체에서는 시진핑이 바로 이러한 업무 스타일로 자연스레 당 원로들의 신임을 얻었다고 평가했다. 훗날 시진핑은 닝더 시절을 회상하며 말했다.

"저는 닝더에서 2년 동안 재직한 뒤 푸저우로 전근했습니다. 닝더에서 지낸 시간은 짧았지만 그곳에서 많은 업무 경험을 쌓았고 주민들과도 돈독한 관계를 유지했습니다. 그곳을 떠난 지 오래되었지만 아직도 닝더에 대한 정이 많이 남아 있습니다."

푸저우시의 리더가 되다

푸저우시, 개혁적 리더를 맞다

1990년 중국공산당 중앙조직부와 푸젠성 위원회 조직부는 수차례에 걸친 논의 끝에 시진핑을 푸저우시 위원회 서기 겸 푸저우시 인민대표상무위원회 주임으로 임명했다. 그리고 같은 해에 시진핑은 푸젠성 위원회 상무위원으로 진급했다. 이로써 시진핑은 중국 정계에서 가장 젊은 중간급 간부 가운데 한 명이 되었다.

전임 중앙조직부 관리는 필자에게 설명하기를, 1990년대 초에 이르러 베이징의 정치 투쟁이 점차 안정을 되찾았다고 한다. 이는 낙후한 닝더에서 2년 가까이 두문불출 일에만 열중하던 시진핑에게 재기의 기회가 찾아왔다는 의미였다. 시진핑은 푸젠성의 성회인 푸저우시

위원회의 서기로 임명되었다. 이때의 승진으로 시진핑은 푸젠성 정계에서 튼튼한 기반을 쌓을 수 있었으며, 더 나아가 중앙정부로 진출하는 디딤돌을 만들었다. 1990년 5월 37세의 시진핑은 푸저우시 위원회 서기로 정식 부임했다. 시진핑이 부임한 뒤 푸저우시 위원회 건물에는 '신속 처리'라는 표어가 나붙었다. 이에 대해 시진핑은 매스컴과의 인터뷰에서 다음과 같이 설명했다.

"신속 처리는 업무의 효율성을 높이려는 목적도 있지만 치열한 시장 경쟁에서 뒤처지지 않으려면 신중하고 빠르게 대응해야 한다는 점을 강조한 것입니다. 푸저우 시민들이 적시에 시장 변화에 발 빠르게 보조를 맞춘다면 푸저우는 항상 젊고 활기찬 도시로 사람들의 기억에 남을 것입니다."61)

매스컴에 비치는 시진핑은 매우 개혁적이고 개방적인 사상을 가진 인물이었다. 시진핑은 평소 철학과 정치 서적을 읽으며 연구하는 것을 좋아했다. 특히 그는 송대의 문학가 소식의 《조착론》에 나오는 다음의 구절을 매우 좋아했다.

"천하의 환란 중에서 가장 처리하기 어려운 것은 겉으로 보기에는 태평 무사한 것 같지만 예측할 수 없는 우환을 내포한 것이다. 그 변화를 좌시하고 처리하지 않으면 곧 구제할 수 없는 지경에 이를까 봐 두려운 것이다."62)

---

61) ibid., 272.
62) ibid.

푸저우시에서 환경 리더가 되다

푸젠성의 행정 중심지인 푸저우시는 특수한 지리적 환경과 고루한 전통 관습으로 시민들의 환경보호 의식이 매우 부족했다. 그래서 심각한 환경오염이 큰 골칫거리가 되고 있었다. 이 때문에 시진핑은 부임한 첫날부터 도시환경을 정비하는 데 막대한 책임을 느끼고 환경오염에 대해 선전포고를 했다. 그로부터 여러 해가 지난 뒤 푸저우시의 도시환경은 비록 기대했던 만큼 친환경적으로 변하지는 않았지만 괄목할 만한 개선을 일구어냈다.

시진핑은 환경을 개선하려면 우선 시민의 환경보호 의식을 높이고, 다음으로 엄격한 환경보호법을 시행하며, 마지막으로 친환경 조성에 집중적으로 투자를 해야 한다고 여겼다. 그는 푸저우시 위원회 서기 겸 푸저우시 인민대표대회 상무위원회 주임이 된 이후에는 당정회의에 참석할 때마다 입이 닳도록 환경보호에 대해 연설했다. 또 환경보호국 실무회의에도 직접 참석했다. 그뿐 아니라 환경보호를 위한 홍보 문건을 직접 작성했으며, 각 진 · 현 · 구의 자치단체장들과 환경보호 책임제에 관한 협약서를 체결해 각 자치단체장이 환경보호에 공동책임 의식을 가지도록 독려했다.[63]

푸저우의 매스컴들은 이러한 일련의 정책들이 푸저우시 환경보호 역사상 초유의 일이라고 평가했다. 또 시 위원회 서기 시진핑의 적극적인 지지를 얻어 푸저우시의 환경보호 관련 부서는 막강한 힘을 발

63) ibid., 273.

휘하게 되었다. 푸저우시의 환경을 복구하고 기반 설비를 구축하려면 수십억 위안의 자금이 필요했다. 이 거액을 마련하기 위한 시진핑의 계획은 의외로 간단했다. 도시 기반 설비와 환경을 개선하기 위해 과감히 차관을 도입한 것이다. 그 결과, 시진핑의 전폭적인 지원으로 푸저우시는 최고 수준의 도시 기반 설비를 하나씩 갖추게 되었다.[64)]

그 가운데 북부 교외에 건설된 홍먀오링 쓰레기 종합처리장은 7백 헥타르의 면적에 1억 위안 이상의 자금을 투자해 건설한 중국 최대 규모의 최첨단 쓰레기처리장 가운데 하나로 손꼽혔다. 시진핑은 수시로 도시기반설비 건설현장을 둘러보며 진행 경과를 보고받아 문제점을 해결했다. 지난 40여 년 동안 골칫거리가 된 환경오염문제를 그는 1~2년 안에 해결할 생각이었던 것이다.[65)]

1993년《런민일보》,《커지일보》 등 각 신문사에서 푸저우시 하천의 심각한 환경오염문제를 일제히 1면 기사로 실었다. 사실 푸저우시 하천의 오염은 하루 이틀의 문제가 아니었다. 푸저우시를 거쳐 간 역대 행정 책임자들도 해결하지 못한 채 속수무책으로 방관한 문제였다. 그래서 시진핑은 부임하자마자 하천의 오염 문제를 겨냥해 정비 방안을 구상하던 중이었다.

그러던 차에 신문보도로 거센 비판과 사회 여론이 푸저우시 하천오염문제에 집중되자 시진핑은 오히려 반가워했다. 이 기회에 확실하게 하천오염문제를 해결해야겠다고 결심한 그는 전문가들과 수차례

64) ibid., 274.
65) ibid.

회의를 열어 논의한 끝에 3억 위안의 자금을 하천 정비에 투입하기로 결정했다. 푸저우시를 가로지르는 여러 하천의 수질오염문제를 개선하기 위해 향후 6년 동안 대대적인 하천 정비 공사를 단행하기로 한 것이다.

또 푸저우시는 하루 오수 처리량이 5만 톤에 달하는 상반 오수 처리장의 완공 시기를 앞당기기로 했다. 뿐만 아니라 도시 하천의 수질환경을 더욱 철저하게 개선하기 위해 하루 오수 처리량이 30만 톤에 달하는 양리 오수 처리장 건설에 착수했다. 그 외에도 시진핑은 당정기관의 간부들을 인솔하고 직접 하천정화활동에 참여해 하천을 정비하겠다는 의지를 다졌다.[66]

시진핑은 매스컴을 통한 홍보와 여론의 감시 기능을 매우 중시해 항상 매스컴과 우호적인 관계를 유지했다. 그는 일부러 기자들을 초빙해 푸저우의 환경보호 시책에 관한 정보를 수시로 제공했다. 시진핑은 부패한 관리를 처벌하는 데도 매우 엄격했다. 푸저우의 네티즌이 '시진핑과 관련된 실화'라는 제목으로 다음과 같은 일화를 인터넷에 기재한 적이 있다.

먼저 자기소개부터 하면 나는 푸저우 출신의 주방장으로 지금은 외국에서 생활하고 있다. 직업의 특성상 나는 정계에 떠도는 소문을 쉽게 접할 수 있었다. 내가 지금부터 하려는 이야기는 너무 오래전에 일어난 일이라 정확한 시기는 기억나지 않는다. 아마도 시진핑이 푸저

66) ibid., 275.

우 서기로 있던 1990년에서 1993년 사이일 것이다.

당시 푸저우 공안국의 쉬 국장은 전형적인 부패 관리로 당 중앙의 고위급 관료와 밀착해 든든한 인맥을 자랑하던 인물이었다. 어느 날 쉬 국장은 푸저우시 위원회 맞은편에 있는 우산호텔에서 손님 접대를 하다가 우연히 시진핑과 마주쳤다. 당시 술자리에는 시가로 1천 위안이 넘는 값비싼 고급 양주가 널려 있었다. 이를 보고 시진핑이 대뜸 이렇게 물었다.

"쉬 국장님, 오늘 손님들에게 한 턱 내시나봅니다?"

"네, 그렇습니다."

쉬 국장이 대답하자 시진핑이 다시 물었다.[67]

"도대체 쉬 국장님의 한 달 봉급이 얼마나 되기에 이처럼 값비싼 양주를 드십니까?"

손님들 앞에서 시진핑이 정곡을 찌르는 말을 던지자 쉬 국장은 난처해 어쩔 줄을 몰랐다. 사실 쉬 국장은 푸저우에서 나는 새도 떨어뜨린다는 위세를 떨치던 사람이었다. 시진핑보다 높은 직위의 공무원들조차 쩔쩔매는 그에게 시진핑은 전혀 거리낌 없이 대중 앞에서 면박을 준 것이다. 그만큼 시진핑은 직선적인 성격이었고, 부패 관리를 혐오하는 청렴한 관리였던 것이다.

위의 일화가 실제 있었던 일인지는 증명할 방법이 없다. 그러나 일부 네티즌들은 위의 일화에서 시진핑이 부패 관리를 통렬하게 비판

67) ibid.

하는 모습에서 단호하고 직선적인 그의 성격을 엿볼 수 있었다고 분석했다.[68]

푸저우시에서 군 리더의 역량을 보이다

시진핑은 중국공산당 제5세대 지도자 가운데서는 보기 드물게 군사 업무 경험이 있는 행정관리이다. 그는 일찍이 1979년 칭화대학을 졸업한 뒤 중국공산당 중앙정치국 위원이자 국무원 부총리 겸 중앙군사위원회 비서장이었던 겅뱌오의 비서를 맡았다. 이러한 까닭에 군사 업무에 밝았고, 훗날 그의 부인이 된 펑리위안 역시 인민해방군 소속 문공단 출신이었던 탓에 군부에 대한 정이 각별했다.

푸젠성 닝더에서 근무할 때도 시진핑은 매주 군대를 찾아가 병사들과 함께 노천극장에서 영화를 관람했다. 그 뒤에도 그는 부임지가 바뀔 때마다 지역 주둔군을 찾아가 위문하는 것을 잊지 않았다. 그래서 훗날 어느 고급 장성은 시진핑의 진로를 언급하면서 "무릇 군을 옹호하는 당간부는 출세가 빠른 법이다!"라고 의미심장한 말을 남기기도 했다.

일부 평론가들은 시진핑이 태자당의 일원으로 아버지 연배의 원로 간부들을 깍듯하게 예우했기에 공산당 원로 간부들로부터 두터운 지지와 칭송을 받을 수 있었다고 평가했다. 이처럼 그에게 호의적인 당

---

68) ibid.

의 원로 간부와 군부세력은 훗날 시진핑이 정계에서 승승장구하는 데 큰 힘이 되었다.

1990년 이후 시진핑은 푸저우시 위원회 서기, 푸저우시 인민대표회의 상무위원회 주임, 푸저우 군사분구 당 위원회 제1서기, 푸저우시 위원회 당교 교장, 중국공산당 제5기 푸젠성 위원회 상무위원 등의 요직을 두루 겸하면서 지역민은 물론 현지 주둔군과 매우 돈독한 관계를 유지하며 칭송을 받았다. 1994년 1월 8일 푸저우시에 주둔하는 37503군의 군악대와 장병들은 푸저우에서 주최한 위문 공연단의 방문을 환영하는 식을 가졌다. 맨 앞차에서 내린 시진핑은 그를 반기는 장성들과 악수한 후 연설을 시작했다.

"1993년 푸저우시의 국민총생산액이 184억 위안으로 1978년 이래 무려 세 배나 늘어났습니다. 시의 재정 수입은 1,233억 위안으로 전국의 여러 행정 중심지 가운데 최고 수준입니다. 또 공업 생산액은 305억 위안으로 26.3퍼센트가 늘었으며, 농산물 생산량은 129.61만 톤에 달합니다. 그 밖에도 우리 푸저우시는 도시 기반설비를 대부분 완비하게 되었습니다."

시진핑의 연설은 계속되었다.

"푸저우시가 그동안 이룩한 성취는 군부대의 지지와 협력이 없었다면 불가능했을 것입니다. 푸저우 시민들은 이러한 군 장병들의 노고를 잊지 않고 있습니다. 그래서 명절을 맞이하여 여러분을 위문하고 540만 푸저우 시민들의 사랑과 감사의 마음을 전하고자 이렇게 찾아왔습니다."

시진핑의 인사말이 끝나자 우레와 같은 박수 소리가 쏟아져 나왔다. 시진핑은 계속해서 말했다.

"군대는 푸저우의 안정과 평화를 지키는 버팀목으로 사회주의 정신문명의 전파자입니다. 재난이 발생했을 때는 가장 먼저 구호 활동에 앞장서고, 사회기반시설을 건설할 때는 노동력을 제공해줍니다. 그래서 우리 푸저우시의 모든 성과는 군 장병 여러분의 피와 땀의 결실입니다."

시진핑은 1994년 군정 지도자들과의 신년좌담회에서도 이렇게 말했다.

"푸저우시는 군과 민간이 긴밀한 협력관계를 이루고 있으며, 이는 우리 시의 자랑이자 큰 장점입니다. 우리는 앞으로도 군민협력관계를 소중히 여기며 더욱 공고하게 관계를 다져나가 서로에게 도움이 되어야 합니다."

시진핑은 특히 1992년도에 발생했던 대홍수 때 장병들이 구호활동에 앞장섰던 사실을 잊지 않고 있었다. 당시 100년에 한 번 있을까 말까 한 대홍수로 민장강이 범람해 엄청난 이재민이 발생했다. 이때 장병들은 폭우 속에서 강둑이 무너지지 않게 모래주머니를 쌓아올리며 밤새 악전고투를 벌였다. 시진핑 역시 민장강 주변의 침수 지역을 찾아가 이재민을 위로하고, 몇 날 며칠 잠을 못 자며 폭우와 싸운 장병들의 노고를 치하했다.

"자신의 안위와 행복마저 희생하며 국가를 지키는 이들이 집 안에 돈다발을 쌓아놓고 사는 장사꾼들보다 존중받지 못한다면 그 나라는 십중팔구 망하기 십상이다, 라는 말이 있습니다. 우리는 현역 군인의 처지를 좀 더 이해하고 관심을 가져야 하며, 나아가서는 전역군인이 사회에 적응하고 일자리를 찾을 수 있게 적극 지원해야 합니다. 우리 지역을 지키느라 고생하는 군 장병들에게 그들의 노고가 헛되지 않다는 사실을 우리 지역민들이 똘똘 뭉쳐서 보여줘야 합니다."

축제나 행사를 개최할 때도 시진핑은 군 관계자를 초청하는 것을 잊지 않았다. 예를 들어 푸저우의 디즈니랜드라고 불리는 쭤하이공원이 개장한 날, 첫 번째 관람객도 바로 시진핑이 특별히 초청한 퇴역 장군들이었다. 시진핑은 "숱한 전투를 치르며 오늘날 푸저우가 눈부신 성장을 할 수 있는 기틀을 마련한 장성들의 공헌을 우리의 푸저우 시민은 영원히 잊지 않을 것입니다"라고 말했다.

1992년 중국공예미술축제를 앞두고 있을 때였다. 시진핑은 축제준비방안을 검토하다 축제에 초청되는 군부대가 서너 곳에 불과한 것을 발견했다. 그는 그 자리에서 초청 부대를 20여 개로 늘리면서 담당자에게 말했다.

"푸저우 시민의 축제는 군인의 축제이기도 합니다."

군을 생각하고 군의 품위를 지켜주다

이처럼 시진핑은 군부와 관련된 일은 항상 우선순위에 두었기에 당중앙 간부의 가족 접대를 소홀히 하는 일도 있었다. 푸저우 매스컴에 따르면, 1993년 1월 21일 리셴넨의 부인 린자메이가 푸저우를 방문했다. 성 위원회에서는 푸저우시에 당 고위 간부의 가족을 특별히 접대하라고 지시했다. 그러나 공교롭게도 푸저우시는 그날 오전에 군부대 위문공연 행사가 일정에 잡혀 있었다. 시진핑은 군부대 일을 늘 우선순위에 두었기 때문에 일정대로 진행했다.

군부대 위문공연 행사가 방송사정으로 지연되어 시진핑은 낮 열두 시가 넘어서야 군부대를 떠날 수 있었다. 점심식사도 할 겨를 없이 리셴넨의 부인 린자메이를 접대하기 위해 서둘러 떠난 것이다.

시진핑은 평소에도 군인들의 민원이 담긴 편지를 직접 읽으며 그들의 고충을 해결하는 데 앞장섰다. 예를 들어 어느 병사가 푸저우시 근교의 고향 집이 철거 위기에 처했다는 하소연을 듣고 이주문제를 해결해주는 식으로 군인들의 편의를 살폈다. 또 공군 병사들이 병영 내에 자주 단수가 된다고 하소연하자 상수도시설을 설치했으며, 군인 휴게실의 가스시설 장비를 보조 지원했다. 이처럼 시진핑은 군인들의 애로가 적힌 편지를 읽고 나면 즉시 관련 부서 담당자를 군부대로 파견해 해결방안을 마련해주었다. 시진핑의 각별한 군인 사랑에 어느 부대의 부대장은 이렇게 말했다고 한다.

"시진핑이 한때 근무했던 곳의 지역민이나 군인들은 시진핑의 군인 사랑이 각별했다고 입을 모았습니다. 당시 저는 그 말을 대수롭지 않게 여기며 한 귀로 흘려들었습니다. 하지만 막상 경험해보니 시진핑 서기의 군인에 대한 정이 얼마나 각별한지를 피부로 느낄 수 있었습니다."

또한 군인들의 인사 관련 담당자는 이러한 말을 했다고 한다.

"전역군인의 취업문제를 해결하는 것은 군심을 달랠 수 있는 방편인 동시에 군인을 지원하는 실질적인 지원 방책입니다."

푸저우는 시진핑이 부임한 이후 전역군인의 취업 업무가 크게 늘었다. 1992년 한 해 동안 전역군인 120여 명이 도시 관리, 도시건설 상공업계, 공안, 세무서, 대외 경제무역, 사회복지 등 다양한 기관에 취업했다. 1992년 1월 20일《해방군인신문》에는 다음과 같은 기사가 실렸다.

"최근 5년 동안 푸저우시의 전역군인 대부분이 취업하는 데 성공했다. 그 가운데 농촌 출신의 전역군인들은 취업률이 97.7퍼센트에 달했다. 이 수치는 푸저우시 군인들에게 큰 위안이 되고 있다."

한번은 시진핑이 푸저우시의 쌍옹 지도팀의 부팀장 자오원파와 군인들의 취업문제를 논의할 때였다. 자오원파는 흥분한 듯 말했다.

"요즘 군부대에서는 어떤 이야기가 도는 줄 아십니까? 군인은 전쟁이 났을 때는 소중한 사람이고 재난구조활동 때는 용감한 사람이지만 취업 시장에서는 가장 꼴 보기 싫은 사람이랍니다. 가뜩이나 구직난이 심한데 전역군인들이 일자리를 차지한다고 말입니다. 이처럼 어려운 시기에 시진핑 동지가 앞장서서 전역군인들의 일자리 창출을 위한 여러 가지 방안을 마련해주시니 참으로 다행입니다. 취업에 성공한 전역 간부들이 시진핑 동지에게 감사의 인사를 전해 달라고 우리에게 곧잘 부탁합니다."

시진핑은 잠시 침묵하더니 이렇게 말했다.

"항우는 진나라의 수도 함양을 점령하고도 화려하고 호화로운 아방

궁을 마다하고 황량한 고향 팽성에 도읍지를 세우려 했습니다. 고향에 대한 정이 그만큼 두터웠던 거지요. 우리 군인들도 마찬가지입니다. 그들의 뜨거운 애향심에 우리 고향 사람들도 똑같이 사랑으로 보답해 군인들이 전역한 뒤에 안정된 생활을 누릴 수 있게 도와줘야 합니다. 국가를 위해 최전방에서 싸우는 군인들을 위해 우리는 그들의 따뜻한 보금자리를 만들어줘야 합니다."

시진핑은 항상 입버릇처럼 "군부대에서 하는 일은 모두 중요하다. 그러므로 우리는 그들이 무엇을 요구하든 무조건 들어줘야 한다"라고 군에 대한 애정을 역설했다.

1992년 4월 중앙군사위원회의 지시로 해군기지가 푸저우로 옮겨오게 되었다. 당시 시진핑은 해군기지를 설립하는 데 많은 어려움과 문제점이 생기자 시장과 함께 관련 부서 책임자를 인솔하고 해군본부를 찾아가 즉석에서 토론을 진행했다. 그 자리에서 해군 장성이 기지 건설에 필요한 부지 마련, 상수도와 전력공급문제, 군인 가족을 위한 주택 공급, 자녀 취학, 전역군인의 취업문제 등 여러 문제점을 제기하자 시진핑은 관련 부서 책임자들에게 책임감 있는 대답을 요구했다.

관련 부서 책임자들은 한결같이 "우리는 해군기지 설립에 필요한 모든 요구조건을 즉석에서 해결해주겠다"라고 입을 모았다. 시진핑 역시 이렇게 말했다.

"우리는 해군부대의 이주를 우리 푸저우시 쌍옹 사업의 대표적 안건으로 간주하겠습니다. 총괄책임자를 정해 푸저우시 관련 부서 담당자들과 이견 조율을 거쳐 해군기지 건설 계획서를 구체적으로 세우겠습니다. 또 일주일에 한 번씩 해군본부를 찾아와 이주와 관련된 진척상황을 설명하겠습니다."

시진핑은 푸저우의 행정을 책임지는 동안 푸저우시에 주둔하는 군부대와 군인들에게 많은 특혜를 제공했다. 이에 일각에서는 시 위원회 서기 시진핑은 군부대 관련 문제를 항상 지나치게 우호적이고 특별하게 대한다고 지적했다. 시진핑 자신도 이를 인정했다.

"지금까지 내려온 관례를 깨고 군부대 관련 사무를 처리한 것은 사실입니다. 예를 들어 군인 가족의 입주문제나 부지 제공 등의 사안에 많은 특혜를 제공했습니다. 그러나 불법적이거나 과도한 특혜는 없었습니다. 군과 민간이 상호 협력하며 친밀한 관계를 구축하는 것이 중요하니까요. 그리고 이것은 우리 푸저우시의 특징이기도 합니다."

해군기지 부사령관이나 푸저우 군사구 정치위원 등 군관들은 시진핑을 "소박하고 성실하며, 비록 지방관리긴 하지만 군인의 품격과 기질을 갖추고 있다"라고 치켜세웠다.

시진핑은 중국공산당 인재들 가운데서는 드물게 꾸준히 군 경력을 쌓아온 인물이다. 그는 스물여섯 살 때인 1979년부터 3년간 당 중앙군사위 판공청 비서로 현역 군복무를 시작해 지방 행정조직 가운데 군사담당인 무장부 서기와 정치위원을 두루 역임하고, 인민해방군에서 대공(對空)방어를 담당하는 고사포부대 예비역사단 제1정치위원도 지낸 군 경력을 지니고 있다. 또한 그는 2000년부터 3년간 난징(南京)군구의 국방동원위원회 부주임을 지내는 등 지방 행정 수장과 지방

당 위원회 최고위직을 맡으면서도 항상 군사 담당자로서 군을 관리하는 일을 꾸준히 해왔다. 오히려 장쩌민과 후진타오 두 사람의 전 당 총서기 겸 국가주석, 군사위원회 주석보다도 군 커리어를 제대로 갖춘 인물인 것이다.

푸젠성의 리더로 발돋움하다

푸젠성 성장이 되다

1996년 초 시진핑은 푸저우시 위원회를 떠나 푸젠성 위원회 부서기로 부임했다. 그로부터 3년 뒤인 1999년에는 푸젠성 위원회 부서기 겸 성장 대행이 되었고, 2000년부터 2002년까지는 푸젠성 위원회 부서기 겸 성장을 맡았다.

푸젠성에서 시진핑의 행정관료생활은 크게 두 단계로 나눌 수 있다. 첫 번째 단계는 1985년부터 1996년까지 11년간으로 샤먼, 닝더, 푸저우에서 고군분투하며 행정 경험을 쌓던 시기이다. 두 번째 단계는 1996년부터 2002년까지 6년간으로 푸젠성 정계에서 대외적으로 명성을 날리며 승승장구하던 시기이다.

푸젠성 위원회 부서기로 승진한 뒤 시진핑은 대만과의 협력관계를 추진하면서 삼통을 위한 포석을 깔아 당 중앙 고위층의 주목을 받았다. 또 서민들의 생활을 개선하기 위해 농업 발전과 탈빈곤정책에 심혈을 기울이면서 많은 이들로부터 칭송받았다. 푸젠성은 고위급 관료를 다수 배출했지만 동시에 각종 부정부패와 비리 사건이 끊이지 않는 곳이었다. 샤먼의 위안화 사건, 푸저우 최고 갑부 사건, 닝더의 비리 사건 등이 연달아 터지는 지뢰밭을 무사히 건너올 수 있었던 시진핑의 힘의 원천은 무엇이었을까?

대만에 협력의 리더십을 보이다

관영 매체에 따르면, 시진핑은 푸젠성의 행정을 맡는 동안 대만과의 협력관계를 적극적으로 추진했다고 한다. 그는 각종 모임에서 대만과의 협력은 푸젠성의 발전에 매우 중요한 역할을 한다고 여러 차례 강조했다. 관계자의 말에 따르면, 시진핑은 대만 경제무역협력 방면에서 당 중앙 고위층으로부터 높은 평가를 받았다고 한다.

1997년 이후 푸젠성은 '동등우선, 적당방관'이라는 당 중앙의 대 대만 업무 원칙에 따라 관련 시책을 펼치면서 대만과의 경제무역협력을 강화하기 위해 항구, 고속도로, 공항 등 기반설비 건설에 박차를 가했다. 또한 대만 기업가들의 불만을 해소하고 투자환경을 개선하는 데에도 주력했다.69)

1997년 4월 19일과 24일에 샤먼항과 푸저우항은 각각 대만 가오슝항과 컨테이너 운반선 직항 노선을 시범 가동했다. 샤먼의 '성다룬'호는 19일 밤에 가오슝항에 입항했다. 대만 창룽해운의 리순룬호는 24일에 샤먼항에 입항했다. 두 화물선 모두 1949년 이후 처음으로 제3국을 거치지 않고 직항로를 통해 각각 입항한 것이었다. 이와 같은 푸젠성과 대만의 직항 노선 시범운영은 중국과 대만의 양안관계 사상 획기적인 사건이었다. 양안의 직항로가 단절된 지 48년 만에 재개되어 중국과 대만의 삼통을 촉진하는 긍정적인 역할을 담당하게 되었기 때문이다.[70]

시범 직항로로는 양안의 무역 화물을 운송할 수 없으며, 정식 통관 절차도 밟을 수 없었다. 따라서 양안의 상공업, 무역업, 해운업자들이 바라는 진정한 의미의 직항은 아니었다. 하지만 양안관계를 호전하는 첫발을 내디딘 것만은 확실하다.

2000년 대만의 진먼섬, 마쭈섬은 푸젠성 연해 도시와 이른바 '소삼통'을 이루었다. 2001년 1월 2일부터 12월 말까지 한 해 동안 두 나라는 190차례에 걸쳐 선박을 운항하면서 2만 4,434명의 여행객을 운송했다. 그 가운데 푸젠성 선박은 총 25차례 운항을 통해 1,804명의 여행객을 운송했다.[71]

2001년 푸젠성에서는 총 961명의 인원이 13개 단체로 나누어 진먼과 마쭈섬을 각각 방문했다. 이들은 친척 방문이나 경제무역 시찰, 제

69) ibid., 299.
70) ibid., 300.
71) ibid.

품 홍보, 문화예술 교류 등 다양한 활동을 진행했다. 2002년 새해에는 샤먼에 거주하고 있던 대만 기업가 300여 명이 진먼과 연결된 직항로를 이용해 대만으로 설을 쇠러 갔다. 같은 해 3월 30일에는 중국의 전통 명절인 청명절을 앞두고 푸저우, 푸톈, 장저우 등에 거주하고 있던 대만 기업가들이 샤먼과 연결된 직항로를 이용해 대만을 다녀왔다. 이를 계기로 샤먼과 진먼을 곧바로 오갈 수 있는 성묘길이 트였다.[72)]

같은 해 시진핑은 관영 매체와의 인터뷰에서 새로운 천년을 맞이하여 푸젠성의 향후 5년과 10개의 발전전략을 확정하기 위해 푸젠성 위원회와 성 정부는 치밀한 조사를 했으며, 이를 바탕으로 해협 서해안 쪽을 개발한다는 기본 방침을 세웠다고 밝혔다. 또 시진핑은 푸젠성의 미래발전전략을 간단히 설명했다. 즉, 경제발전을 가속화하기 위해 경제구조를 탄력 있게 조정하고, 개혁개방과 과학기술의 진보를 동력으로 삼아 경제협력과 발전에 주력해 인민의 생활 수준을 향상한다는 것이 주된 내용이었다.[73)]

2002년 초, 시진핑은 매스컴과의 인터뷰에서 다음과 같이 밝혔다.[74)]

"개혁개방 이래 대만은 푸젠성의 가장 중요한 해외 투자국 가운데 하나이며, 동시에 푸젠성의 최대 무역 동반자입니다. 2001년 푸젠성은 대만의 산업구조 변화를 새로운 기회로 삼았습니다. 이미 진행하고 있던 대만 기업가의 투자를 공고히 하는 한편, 의류업과 신기술 산

72) ibid
73) ibid.
74) ibid. 301.

업 두 분야로 대만 자금을 끌어들이는 데 성공했습니다. 그리하여 대만과 협약이 성사된 투자금과 실제 투자금이 각각 52.5퍼센트와 3.4퍼센트 증대되었습니다. 또 전국 최초의 대만 기업 회관인 '샤먼 대만기업회관'이 준공되어 본격적인 기업 유치가 시작되었습니다. 2001년 말까지 푸젠성에 투자된 대만 자금은 88억 7,900만 달러로 대륙 전체에 투자된 대만 자금의 30퍼센트를 차지하는 금액입니다. 대만 자금은 우리 푸젠성의 개방형 경제발전의 중요한 근간이 되고 있습니다."

시진핑은 이어서 말했다.

"대만의 입장에서도 푸젠성과의 경제협력은 대만의 경제발전에 큰 활력소가 되었습니다. 대만 기업은 푸젠성의 값싼 토지와 전력, 노동력을 제공받고 더불어 특별우대정책의 혜택으로 더 큰 발전을 이루면서 시장 경쟁력을 강화했습니다. 푸젠성에 투자를 한 대부분의 대만 기업은 매우 우수한 경제적 수입을 거두었습니다. 그러나 최근 2년 동안 푸젠성으로 유입되는 대만 자금이 점차 감소 추세를 나타내고 있습니다. 이는 대만에서 새롭게 불고 있는 대륙 투자 열풍이 주로 창장삼각주 지역에 집중되어 있기 때문입니다."

이에 대해 시진핑은 다음과 같이 자세한 설명을 덧붙였다.

"과거 푸젠성은 지리적으로 대만과 인접해 있고, 역사적으로도 밀접한 혈연관계를 맺고 있으며, 값싼 노동력 등 대만 사업가들의 구미를 당길 만한 장점이 많았습니다. 그래서 대만 투자유치에서도 항상 선두를 차지했습니다. 그러나 지금은 대만의 산업구조가 정보기술과 마이크로 전자기술을 위주로 새롭게 재편되면서 상황이 달라졌습니다. 푸젠성은 산업 기반이 약하고 특히 과학기술 인력이 부족하며 물류 배송 시스템 등 제반 시설이 갖춰져 있지 않아서 대만 기업가들의 변화하는 수요를 충족해주지 못하고 있습니다. 그만큼 대만 자금을 끌어들일 매력이 약해진 것입니다."[75]

그렇다면 푸젠성은 현재의 난관을 어떻게 돌파할 것인가? 이에 대해 시진핑은 크게 네 가지 대응책을 마련했다.[76]

첫째, 현재 푸젠성에 투자하는 대만 기업과 그들의 투자 지역에 대한 우대정책을 강화해 투자유치의 범위를 대한다. 둘째, 푸젠성의 장점을 최대한 발휘해 특색 산업과 전통 산업을 집중적으로 발전시킨다. 셋째, 특정 지역을 최첨단 과학기술 산업 투자 지역으로 선정해 특혜를 제공함으로써 관련 투자자를 유치한다. 넷째, 대만 100대 기업을 대상으로 투자유치활동을 강화한다.

시진핑은, 푸젠성은 대만의 산업구조 변화와 대만 및 중국의 세계무역기구 가입을 기회로 삼아 투자유치를 유도하는 동시에 대만과 푸젠성의 경제무역협력을 지속적으로 확대할 것이라고 밝혔다. 특히 이른바 4대 기지, 즉 대만 통상무역기지, 대만 기업운영기지, 대만 농업협력기지, 양안 관광 협력 및 레저기지를 구축해 두 지역의 경제협력 수준과 범위를 한 차원 높일 계획이라고 강조했다.

시진핑은 또한 푸젠성은 해외 투자자들을 위해 일대일 맞춤 서비스를 제공할 계획이라고 덧붙였다. 투자자에 대한 서비스를 대폭 강화

---

75) ibid.
76) ibid., 302-303.

해 투자 과정에서 생기는 애로점이나 문제점을 해결하는 데 주력해 윈윈 효과를 실현할 것이라고 밝혔다.

2002년 7월 1일 저녁, 시진핑은 대륙과 대만 및 기타 해외 기자단과 나눈 인터뷰에서 "삼통은 양안 민중의 공통된 소망이며, 해협을 사이에 두고 맞닿아 있는 푸젠성과 대만은 삼통을 실현하기 위해 이미 만반의 준비가 되어 있습니다"라고 밝혔다.

시진핑은, 대만과 푸젠성은 해협을 사이에 두고 있으며 대만 사람 80퍼센트 이상이 모두 푸젠성의 후손으로 두 지역은 떼려야 뗄 수 없는 밀접한 관계를 맺고 있다고 강조했다. 그는 또한 "대외 개방 이후 수많은 대만 기업가가 푸젠성의 풍부한 자원과 값싼 노동력에 매료되어 앞다투어 투자해 큰 투자 수익을 거두었습니다. 물론 그 가운데 상당수 대만 기업들이 장쑤, 산둥 지역으로 빠져나갔지만 아직도 푸젠성에서 발전을 도모하는 기업이 많이 남아 있습니다. 예를 들어 관제전자, 둥난자동차 등 대만 기업들은 푸젠성에서 큰 성공을 거둔 후 공장을 추가로 설립하고 있습니다. 푸젠성은 대만 기업가들에게 여전히 매력적인 투자처 가운데 하나입니다"라고 강조했다.

양안관계가 완화되면서 대만 사람들의 중국 관광이나 시찰 방문, 투자활동 등이 나날이 활발해지고 있지만 두 지역의 '삼통'은 이루어지지 않고 있는 실정이다. 특히 해협 하나를 사이에 두고 맞닿아 잇는 푸젠성과 대만은 제3지역을 경유해야만 왕래할 수 있기 때문에 여러모로 불편하고 경제적 손실도 상당하다.

이에 대해 시진핑은 푸젠성은 이미 삼통에 대한 만반의 준비를 마쳤다고 밝혔다. 예를 들어 삼통에 대비해 지난 수년에 걸쳐 건설한 마웨이항의 여객 부두는 이미 인테리어까지 작업을 마친 상태이며, 창러국제공항은 건설 당시에 연중 여객 운송량을 650만 명에서 1천만 명으로 설계했기 때문에 충분한 여유 공간을 확보한 상태이다.

현재 진먼항과 샤먼항, 마쭈항과 마웨이항 사이에는 '소삼통'이 이루어진 상태다. 이에 대해 시진핑은 "진먼과 마쭈, 푸젠성 연해 도시 주민들은 상호 왕래가 편해졌습니다. 하지만 이처럼 일부 지역에만 국한된 직접 왕래는 진정한 의미의 삼통이 아닙니다"라고 밝혔다. 그는 대만 당국이 대만 민중의 이익을 고려해 최대한 빨리 개방에 앞장서 두 지역의 삼통이 전면적으로 실행되기를 바란다고 강조했다.

부국의 기틀을 연마하다

푸젠성 정부 관계자들은 시진핑이 푸젠성에 재직할 당시 농촌과 농민에게 큰 관심을 기울였다고 입을 모았다. 관계자의 분석에 따르면, 이는 시진핑이 산베이 생산대에서 7년 동안 생활하고 그 후 정딩현에서 3년 동안 기층 업무를 맡은 것과 깊은 관련이 있다. 농촌 현황과 농민들의 생활상을 직접 목격하고 경험했기 때문이다. 그래서인지 시진핑은 부임지가 바뀔 때마다 가장 먼저 농촌을 탐방하고 농민들과 친분을 다졌으며, 그 일을 중요하게 여겼다.

푸젠성의 농촌업무판공실 주임이었던 쉬딩펑은 시진핑의 첫인상을 이야기하면서 닝더시의 초가집과 수상가옥과 관련한 일화에 대해 이야기했다. 흔히 민둥 지역이라고 불리던 닝더시는 매우 가난하여 10여 년 전만 해도 국가에서 지정한 빈곤 현이 6곳, 푸젠성에서 지정한 빈곤 향이 52곳에 달했다. 빈곤 현과 빈곤 향의 주민들 77만 5천 명의 평균 순수입은 160위안에 불과했다. 또 닝더의 빈곤 인구는 푸젠성 농촌 전체 인구의 3분의 1을 차지했다.[77]

1997년 푸젠성 정치협상회의의 조사 연구보고서가 성 위원회 부서기로 푸젠성 농촌 업무를 관할하고 있던 시진핑에게 제출되었다. 닝더시 샤푸현의 일부 주민들이 아직도 초가에서 생활하고 있으며, 현대 문명사회에 어울리지 않는 낙후한 주거환경을 성 정부에서 해결해주기를 요청하는 내용이 담겨 있었다.

과거 닝더에서 2년간 재직했던 시진핑은 이 보고서를 읽고 큰 자책감에 빠졌다. 그는 곧바로 관련 부서 책임자를 불러 해결방안을 논의하는 동시에 직접 닝더시를 방문해 빈민촌 현황을 시찰했다. 그리고 푸젠성 위원회에 민둥의 초가집 개조사업방안을 제출했다. 당시 푸젠성 위원회 서기 천밍이와 성장 허궈창은 사업 방안을 승인하고 이를 푸젠성의 주요 국책 사업으로 삼았다.[78]

쉬덩펑은 그때의 일을 지금도 선명히 기억하고 있다. 당시 푸젠성에서는 사업 자금 6백만 위안을 투입해 1천 호에 달하는 초가집을 개조했으며, 주민 수천 명에게 열렬한 호응을 얻었다. 이른바 수상가옥

77) ibid., 304.
78) ibid.

은 일찍이 당대부터 이어져 오던 닝더 해안 지역 주민들의 전통적인 주거방식이다. 길이 15미터, 너비 2미터의 작은 배를 집으로 삼아 그 위에서 새우나 물고기를 잡아 끼니를 때우며 사는 것이다.[79]

쉬딩펑의 기억에 따르면, 당시 시진핑은 수상가옥에서 생활하는 서민들에게 집을 지을 돈과 생활비를 보조하는 특혜를 제공했다. 주민들은 수상가옥생활을 청산하고 육지에 정착하면 성 정부로부터 5백 위안의 보조금을 받았다. 그 밖에도 토지, 건설 자재, 목재 등을 싼값에 구매할 수 있는 특혜가 주어졌기에 이를 돈으로 환산하면 한 가구당 5천만 위안의 보조금 혜택이 주어진 셈이었다.

관련 자료에 따르면, 1997년 말 무렵만 해도 닝더 행정 관할의 푸안시에서 수상가옥생활을 하는 가구는 3,675호로 총 1만 2,706명의 주민이 물 위에서 생활을 이어가고 있는 셈이었다. 1998년 말에 이르러서는 모두 육지에 정착촌을 세우고 농사나 양식업, 해운업, 수산품 가공업 등에 종사했다. 전체 푸젠성에서 2000년 말까지 육지로 이주한 수상가옥의 주민 수는 총 1만 8천여 명에 달했다.

2000년 11월 초 시진핑은 푸안시 샤바이스진에 있는 수상가옥 주민들의 정착촌을 방문했다. 그는 "우리는 수상가옥 주민들이 육지에 정착촌을 세우고 생활할 수 있게 도와주는 데서 끝나지 않습니다. 여러분이 안정적이고 부유한 생활을 누릴 수 있게 관련 시책을 적극적으로 추진할 것입니다. 다음에 닝더를 방문할 때 이곳에 와서 여러분의 변화된 생활 모습을 제 눈으로 확인할 것입니다"라고 말해 주민들의

79) ibid., 305.

환호를 받았다.[80]

시진핑은 가난에 시달리는 빈곤층을 도와주는 해결사 역할을 자처했을 뿐만 아니라 정부의 사회복지 기능을 입이 닳도록 강조했다. 쉬덩펑의 설명에 따르면, 시진핑은 "정부는 살기 좋은 사회를 만들 책임이 있으며, 인민을 위한 서비스형 정부로 거듭나야 한다"라고 주장했다고 한다.

2001년 푸젠성에서 열린 비공유제 경제발전 포럼에서 시진핑은 정부의 사회복지정책과 공공서비스 기능을 강화해야 한다고 주장했다. 또 정부가 기업을 지나치게 간섭하고 있으며, 행정관리들의 현대적 관리 개념이 부족하다고 비판했다.

오랫동안 시진핑 곁에서 업무를 보좌한 푸젠성 발전연구센터 부주임 양이셩은 "시진핑은 사소한 업무에 연연하기보다는 굵직굵직한 주요 사안만을 집중적으로 추진했습니다"라고 말하며 시진핑의 업무 스타일을 설명했다. 그의 표현대로 시진핑은 전국 최초로 식탁오염 문제에 관심을 갖고 문제를 해결하기 위해 나섰으며, 생태환경 건설, 지역 경쟁력 향상, 차세대 성장동력 연구 등에 주력했다.

2002년 1월 말 시진핑은 푸젠성 제9차 인민대표대회 제5차 회의 업무보고에서 '친환경 생태성 건설'이라는 전략 목표를 정식으로 제안해 인민대표들의 열렬한 호응을 받았다. 그는 연해 방호림 조성 4차 공사와 상수원 생태림 조성 1차 공사, 국가급 농업시범 현 3곳, 성급 농업시범 현 열두 곳을 건설할 것을 주장하며 '생태성 건설 계획 요강'을 제정했다.

---

80) ibid.

일각에서는 시진핑이 친환경 사업에 주력한 것은 그가 농촌에서 일한 업무 경험과 밀접한 관련이 있다고 평가했다.

시진핑, 소통 리더의 면모를 다듬다

푸젠성 정계와 재계 인사들은 시진핑이 그의 이름 '진핑'처럼 평범하고 수더분하며 친근감을 주는 사람이라는 평가에 대해 모두 고개를 끄덕인다.

"이름 그대로 시진핑은 당 중앙 고위급 간부의 자녀들에게서 볼 수 있는 위세나 거만함이 전혀 없었다."

양이셩은《디이차이징일보》와 나눈 인터뷰에서 그가 직접 보고 느꼈던 시진핑에 대한 인상을 이처럼 토로했다.[81]

"1994년 푸저우의 민간단체에서 민장강 유역의 문화재와 관광 사업을 홍보하기 위해 축제를 기획했을 때의 일이다. 당시 푸젠성 발전연구센터 주임이었던 양이셩은 푸젠성 위원회 상무위원이자 푸저우시 위원회 서기인 시진핑의 사무실을 찾아갔다. 축제 홍보 책자에 실을 격려의 글을 부탁하기 위해서였다. 뜻밖에도 시진핑은 완곡하게 사양했다. 대신 그는 축제는 지역 발전에 매우 유익한 행사로 공직자 신분으로서가 아닌, 순수하게 축제에 참여하고 싶다고 밝혔다."[82]

---

81) ibid., 307.
82) ibid.

전국인민대표대회 대표이자 푸젠 신대륙과학기술그룹 이사장 왕징은 다음과 같은 일화를 기자에게 이야기한 적이 있다.

"1993년 말 왕징 이사장은 현임 신대륙과학기술그룹의 총재 후강과 기타 투자자 열여섯 명과 함께 회사를 창업하려 했다. 그러나 창업 자금이 부족해 포기해야 하는 위기에 처하자 왕징은 지푸라기라도 잡는 심정으로 당시 푸저우시 위원회 서기 시진핑을 찾아가 도움을 요청했다. 그런데 뜻밖에도 시진핑은 맨손으로 창업하려는 이들의 도전 정신을 매우 높게 평가했다. 그는 왕징 등에게 푸저우에서 사업한다는 조건으로 회사 사업자 등록을 도와주겠다고 흔쾌히 수락했다."[83]

시진핑은 성장으로 승진한 뒤에도 수차례 신대륙과학기술그룹을 시찰했다. 오늘날 이 회사는 푸젠성에서 가장 큰 규모를 자랑하는 대기업으로 성장했으며, 전국적으로도 손꼽히는 최첨단 과학기술 회사로 자리매김했다.

쉬덩펑은 시진핑이 매우 민주적이며 성실한 공직자였다고 평가했다.

"그는 정책을 결정할 때마다 언제나 시와 현 정부의 관련 부서 책임자와 전문가의 의견을 존중했으며, 치밀한 조사와 수차례 회의를 거치고 난 뒤에야 최종 결정을 내렸다."[84]

쉬덩펑이 회상하기를, 2001년 5월 어느 날 시진핑을 수행하고 난핑시 푸청현으로 시찰활동에 나섰을 때의 일이다. 태풍이 빠른 속도로

83) ibid., 308.
84) ibid., 209.

올라온다는 소식이 전해 듣자 시진핑은 오후 4시에 시찰활동이 끝나자마자 곧장 차를 타고 600킬로미터 떨어진 푸저우로 향했다. 중간에 제대로 쉬지도 못하고 찐빵 몇 개로 끼니를 때우며 새벽 3시 20분에야 푸저우에 도착했다. 시진핑은 곧장 재난대책본부로 달려가 태풍 대비 긴급대책회의에 참석했다.[85)]

양이셩은 시진핑이 성장으로 있을 때는 업무회의를 특별한 주제 없이 자유 토론으로 진행했다고 회상했다.

"업무회의에서 결정된 정책방안들은 개인의 아이디어보다는 여러 사람이 함께 논의하고 수정해서 나온 합작품으로 볼 수 있는 것들이 대부분이었습니다. 이러한 사실을 잘 모르는 외부 사람들은 시진핑에게 딱히 내세울 만한 정치적 업적이 없다고 오해합니다. 하지만 자세히 살펴보면 시진핑이 성장으로 재직하는 동안 우리 푸젠성은 가장 빠른 속도로 경제가 발전했습니다."[86)]

푸젠 출신의 한 네티즌은 "시진핑은 경로사상이 투철하고 가난한 사람을 발 벗고 도와주는 선량하고 의로운 사람이었다"라며 다음과 같은 일화를 들려준 적이 있다. 그 네티즌의 고향은 푸톈시 셴유현이었는데, 근방에 리차오진이라는 80여 세의 노인이 홀로 살고 있었다. 젊은 시절 인민해방군으로 전쟁에 참여했던 그는 암에 걸려 고통스러운 말년을 보내고 있었다. 당시 푸젠성 성장으로 있던 시진핑은 이 소식을 전해 듣고 흔쾌히 위로금을 쾌척했다. 이에 리차오진은 "당과

85) ibid.
86) ibid.

정부에서 이 노병을 잊지 않고 관심을 베풀어주니 참으로 감격스럽다!"며 찬사했다.[87]

87) ibid.

중국의 리더,
글로벌 리더로 성장하다

저장성으로 가다

천안문(天安門) 사태 등의 혼란기 속에서 시진핑은 정치적 신중함을 유지하면서 반부패활동, 경제개발 등의 성과를 이루어냈다. 이를 바탕으로 2002년 16차 당대회를 앞두고 중국 경제성장의 거점 중 한 곳이었던 저장(浙江)성 위원회 부서기에 임명되었다. 그 후 불과 40일 만에 저장성 서기였던 장더장(張德江)이 광동성 당서기로 옮기면서 시진핑은 저장성 당서기로 승진하게 된다.

중국에서도 부유하기로 손꼽히는 지역의 지도자가 되면서 시진핑은 랴오닝성(遼寧省) 서기 리커창(李克强), 장쑤성(江蘇省) 서기 리위안차오(李源潮), 상무부장 보시라이(薄熙來) 등과 함께 차세대 중국 지도자로 떠올랐다. 저장성에 있는 동안 시진핑은 전시성 사업보다는 경제 발전의 틀을 이룰 수 있는 사업을 추진하려고 했다. 또한 초고속 경제 성장의 이면에 숨겨진 부패를 해결하기 위해 적극적으로 움직였다는 점도 주목할 부분이다.

베이징의 주인이 되다

2006년 중국에서는 정치권을 뒤흔든 격변이 일어난다. 상하이시(上海市) 당서기 천량위(陳良宇)가 부패 혐의로 실각한 것이다. 중국공산당 최고위급에 해당하는 정치국원이 갑작스레 부패문제에 걸려 무너진 것은 예삿일이 아니었다. 천량위는 중국공산당 최대 파벌 가운데 하나인 상하이방으로 분류되었기 때문에 그의 실각은 단순한 고위공직자의 부패 사건이 아닌 계파 간의 투쟁의 성격을 나타냈다.

천량위의 후임을 두고서도 장쩌민(江澤民) 전 주석이 이끄는 상하이방과 후진타오(胡錦濤) 당시 주석이 이끄는 공청단이 대결 양상을 보였다. 그러나 힘겨루기는 의외로 싱겁게 끝났다. 모든 사람의 예상을 깨고 두 계파에 속하지 않았던 시진핑이 발탁된 것이다.시진핑에게 불어온 훈풍은 여기서 그치지 않았다. 천량위 사건 뒤처리와 상하이 도처에 뿌리박은 부패문제를 척결하는 데 힘을 쏟은 시진핑은 7개월 뒤인 제17차 전국대표대회에서 파란을 일으켰다. 2008년 3월 중국공산당 최고위직인 정치국 상무위원 자리를 꿰찼던 것이다.

당시 시진핑은 잘해야 정치국 상무위원보다 서열이 낮은 정치국원 정도에 선출될 것으로 예상됐다. 더욱이 시진핑은 서열 6위로 차기 국가지도자로 유력했던 리커창(李克强, 서열 7위)을 제쳤다. 서열 1위부터 5위까지는 정년 규정에 따라 5년 뒤 퇴임이 확정된 상황이라 사실상 시진핑이 중국의 차기 10년(2012~2022년)을 책임지는 권력자로 등장했다.

시진핑이 최고 지도자로 뽑힌 배경에는 중국 권력지형의 힘이 크게 작용했다는 분석이 많다. 후진타오 전 주석이 권력을 잡은 이후 공청단이 세를 확장한 가운데 상하이방이 여기에 맞서면서 양대 계파에 속하지 않았던 시진핑이 대안이 되었다는 설명이다. 그러나 이면에는 누구도 시진핑을 반대하지 않았다는 사실이 있다. 시진핑의 뛰어난 대인관계와 세련된 정치감각, 혁명 원로의 아들이라는 점 등이 그에게 기회로 작용한 것이다.

시진핑의 청렴성도 크게 작용했다. 시진핑은 연안 지역에서 오랜 기간 근무하면서도 부패의 유혹을 뿌리치고 스캔들에 연루되지 않았다. 정딩현 시절 낡은 군복에 자전거로 출퇴근하던 시진핑의 검소한 모습은 정치적으로 성장한 뒤에도 계속 이어졌다. 상하이시 서기 취임 당시에는 호화스러운 서기 관저를 공산당 원로를 위한 양로원으로 바꿨으며, 시에서 제공하는 고급 관용차나 특별열차 이용을 거절했다. 이러한 모습은 검소함을 극히 강조했던 그의 아버지 시중쉰을 닮았다.

시진핑의 폭넓은 인간관계도 성공의 배경이 됐다. 태자당 출신으로 중국 고위층과 인적 관계를 가졌던 것은 물론 상산샤샹 시절부터 이후 정치적으로 성장하며 만났던 사람들과 지속적으로 관계를 유지해 온 것으로 정평이 나 있다.

중국의 리더가 되다

2016년 11월 19일(현지 시간) 영국 일간《파이낸셜타임스(FT)》는 시진핑 중국 국가주석이 외국 기업에 중국 시장 문호를 활짝 열어 세계화의 첨병 역할을 하겠다는 뜻을 밝히며, 보호무역을 내세운 도널드 트럼프 대통령 당선인이 이끌 미국 대신 아시아에 새 시대를 예고했다고 보도했다.《파이낸셜타임스》에 따르면 시 주석은 페루 리마에서 열린 아시아태평양경제협력체(APEC) CEO 서밋에서 재계 지도자들에게 중국이 이끄는 세계 질서의 비전에 대해 소개했다고 한다. 시 주석은 "중국은 외부 세계를 향해 문을 닫지 않고 오히려 더욱 넓게 열어 경제 세계화에 적극적으로 참여하겠다"고 약속하면서 "폐쇄적이고 배타적인 협정은 올바른 선택이 아니다"라고 강조했다고 한다.

《파이낸셜타임스》는 시 주석이 세계 모든 나라와 열린 무역 협정을 하겠다면서 미국의 버락 오바마 행정부가 중국을 제외하고 추진한 환태평양경제동반자협정(TPP)을 은근히 비난했다고 분석했다. 특히 TPP를 철회하고 중국 등 주요 교역국에 더욱 전투적으로 접근하겠다고 위협해온 트럼프의 미국 대통령 당선으로 시 주석의 이런 발언은 주목을 받고 있다. 이에 대해 앞으로 미국이 포기할 수 있는 아시아 ·

태평양 지역의 리더십 역할을 빠르게 차지하기 위해 중국이 자유무역과 개방경제 지지자를 자처하고 있다고 《파이낸셜타임스》는 설명했다.

앞서 시 주석은 APEC 정상회의 기조연설에서 보호무역 반대를 천명하고 중국 주도 아시아태평양자유무역지대(FTAAP)를 대안으로 제시했다. 존 키 뉴질랜드 총리는 "오바마 대통령이 TPP를 추진한 것은 미국이 아시아 · 태평양 지역에서 리더십을 보이려는 취지였다"며 "우리는 미국이 이 지역에 있는 게 좋지만 없다면 누군가 빈자리를 채워야 하고, 중국이 그 자리를 채우게 될 것"이라고 말했다. 미주 경제단체인 '카운슬 오브 더 아메리카스'의 에릭 판즈워스 부회장은 시 주석의 발언을 두고 "환태평양 지역의 전략적인 재편성을 발표하는 것 같았다"며 "시 주석은 우리가 기업에 열려 있다고 뚜렷이 밝혀 미국의 방향과 대조를 이루었다"고 평가했다.

아시아 · 태평양의 리더로 발돋움하다

시진핑 중국 국가주석은 대내적으로는 '중국의 꿈'을 제시하면서 인민통합을 시도해온 데 이어 아시아태평양경제협력체(APEC) 회의에서는 '아시아 · 태평양의 꿈(亞太夢想 · 아태의 꿈)'을 화두로 던졌다. 이는 막강한 경제력을 토대로 아태 지역의 경제적 맏형 역할을 하겠다는 의지와 자신감을 드러낸 것으로 풀이된다.

시 주석은 2014년 11월 9일 베이징에서 각국 경제계 인사 1,500여 명이 참석한 가운데 열린 APEC 최고경영자 회의의 기조연설을 통해 "우리는 아태 지역의 인민들을 위해 아태의 꿈을 창조하고 실현할 책임을 갖고 있다"며 "아태의 꿈은 신형 국제관계를 건설하는 꿈이며 경제 번영과 사회 발전의 꿈, 아태 인민들의 행복의 꿈이다"라고 말했다. 또한 시 주석은 "중국의 전반적인 국력이 커지면서 중국이 지역 협력을 증진하기 위한 새로운 비전을 제시할 것"이라며 "중국은 아태 지역 공동 발전을 위해 상호 신뢰 · 포용 · 협력 · 공영의 동반자 관계 건설, 개방형 경제체제의 구축, 경제성장 신동력 발굴 등을 추진해나가겠다"고 밝혔다. 아울러 그는 "중국이 향후 10년간 1조 2,500억 달러가 넘는 금액을 해외에 투자할 것으로 예상되고 있다"면서 "아태 지역과 세계에 발전과 이익의 기회를 제공할 것"이라고 말했다.

시 주석의 이 같은 발언은 아태의 꿈을 제시해 역내 경제 주도권을 잡겠다는 의지를 드러낸 것으로 보인다. 아태 지역은 전 세계 인구의 40퍼센트와 교역량의 절반가량을 차지하고 있다. 탕궈창(唐國强) 태평양경제협력전국위원회 회장은 중국신문에 "중국의 영도자가 아태의 꿈을 제시하고 설명한 것은 처음"이라며 "중국식 외교사상의 새로운 실천이며 평화발전과 협력발전, 공동발전의 외교 노선을 보여주는 것"이라고 전했다.

시 주석은 앞서 중국이 400억 달러(약 43조 7,400억 원) 규모의 실크로드 기금을 출연하겠다고 밝혔으며, 중국 정부는 아시아태평양자유무역지대(FTAAP)의 로드맵을 APEC 장관회의에서 통과시키는 등 경제통

합의 주도권을 확보하기 위한 행보를 본격화하고 있다.

지난 5월 상하이에서 열린 아시아 교류 및 신뢰구축회의(CICA)에서도 시 주석은 "아시아의 일과 문제는 아시아인들이 직접 처리해야 하며 아시아의 안보 역시 아시아인들이 수호해야 한다"면서 "지역의 안보 협력을 위한 새로운 기구를 건립하자"고 제안한 바 있다.

하지만 중국이 남중국해와 동중국해에서 주변국들과 영유권 분쟁을 벌이면서 좀처럼 자국의 이익을 양보하지 않고 있어 주변국들이 중국의 팽창을 두려운 눈으로 바라보고 있는 것도 사실이다. 한편 시 주석은 이날 중국의 경제상황에 대해 "실제로 위험요소가 있지만 두려워할 만한 것은 아니다"라고 말했다. 그는 중국 경제는 신창타이(新常態·새로운 정상적 상태)에서 몇 가지 특징을 보여주고 있으며 고속성장에서 중고속성장으로 바뀌고 있으며 지역 격차가 줄어들고 있다고 소개했다. 이어 중국은 어떠한 도전에도 대응할 능력과 자신감이 있다고 말했다.

세계인이 존경하는 리더가 되다

시진핑 중국 국가주석은 미국 카네기국제평화재단(CEIP)이 실시한 2015년 영향력 있는 리더십 조사에서 1위를 차지했다. 40퍼센트의 전문가들이 시 주석을 선택해 26퍼센트의 블라디미르 푸틴 러시아 대통령, 16퍼센트를 차지한 버락 오바마 미국 대통령을 앞질렀다. 시 주석과 같은 태자당(혁명 원로 출신의 자제) 출신인 친샤오(秦曉 · 68) 전 공상은행 이사장은 지난달 9일 미국 브루킹스연구소가 주최한 심포지엄에서 "시 주석은 결정을 내리면 반드시 실행한다"며 "그러나 결정을 내리기 전에는 외국 전문가의 자문도 마다하지 않는 등 열린 자세로 경청한다"고 분석했다. 시진핑 리더십의 핵심을 실행력 · 경청 · 결단력으로 꼽은 것이다.

그렇다면 시진핑의 리더십은 어떠한 모습을 지니고 있을까? 본격적으로 그의 리더십에 대해 알아보기 전에 일본의 경제 주간지인《주간 다이아몬드》가 최근 온라인판에서 여덟 가지로 정리한 것을 한 번 살펴보자.

1. 경청 리더십

시진핑 리더십 중 경청 리더십이 첫 번째 특징으로 꼽혔다. 2012년 2월 국가 부주석 신분으로 미국을 방문한 시진핑은 조 바이든 미 부통령에게 정치인으로서 소중하게 여기는 가치를 물으며 조언을 청했다. 칼럼니스트 가토 요시카즈(加藤嘉一)는 "시진핑은 의견을 말하는 쾌감보다 다른 사람의 의견을 경청하는 인내에 가치를 부여한다"고 평가했다.

2. 선례를 타파하는 파괴 리더십

시 주석은 정치국 상무위원은 처벌하지 않는다는 '형불상상위(刑不上常委)'란 불문율을 깨고 저우융캉(周永康) 전 중앙정법위원회 서기의 당적을 박탈하고 사법기관에 넘겼다. 2009년 12월 국가 부주석 신분으로 일본을 방문했을 때에는 최소 한 달 전에 신청해야 한다는 궁내청 관례를 깨고 2주 만에 일왕 접견을 실현했다.

3. 과감한 발언

2013년 3월 주석 취임 후 첫 해외 순방에서 시 주석은 블라디미르 푸틴 러시아 대통령을 만나 "우리는 왠지 비슷하다"며 속내를 터놓았다. 서구 여론이 중·러의 전략적 접근을 우려하던 때다. 순간 중국 외교관과 기자들은 놀랐지만 시 주석은 조금도 개의치 않았다.

4. 강한 장악력

당 총서기·국가주석·군사위 주석 외에 중앙개혁심화영도소조, 국가안전위원회, 인터넷 안전·정보화소조, 국방·군대개혁소조를 신설해 권력을 자신에게 집중시켰고, 기존 총리 관할의 재경영도소조까지 장악했다.

5. 적시에 스스로 결단

최후 결정은 적시(適時)에 스스로 결단한다. "책상을 내리치듯 결정하고 무엇을 해야 하는지 지시한다. 이렇게 결정되었으니 남이 끼어들지 못하게 만든다."라며 가토는 내부 소식통을 인용해 내부회의 분위기를 전했다. 이 같은 결단력이 시 주석이 호랑이(고위직 부패 공직자) 사냥에 성공할 수 있었던 이유다.

6. 위험을 감내

2015년 11월 베이징에서 열린 아시아태평양경제협력체(APEC) 정상회담에서 아베 신조(安倍晋三) 일본 총리와의 회담은 중국의 민족주의 여론을 고려할 때 시 주석에게 모험이었다.

7. 예측할 수 없는 행동

시 주석은 해외 순방 시 넥타이 색상, 원고 준비 여부를 사전에 알려주지 않는다고 중국 외교부 관료가 토로할 정도다.

8. 공산당에 대한 절대적 충성

그는 서구식 자유민주주의를 지지하는 지식인을 탄압하지만 이데올로기에 집착하지는 않고 인민 여론을 활용해 공산당의 지배에 중점을 둔다.

5장

시진핑 리더십

개괄

이제 시진핑은 중국의 리더, 세계의 리더가 되었다. 중국인들은 시진핑의 리더십에 열광하고, 세계는 시진핑의 리더십을 배우려 하고 있다. 시 주석은 집권 후 대중에게는 '시따따(習大大 · 시 아저씨)'라는 애칭으로 불리며, 버락 오바마 미국 대통령도 시 주석을 '위대한 리더'라고 극찬했다.

"큰 사안은 원칙대로, 사소한 일은 스타일대로(大事講原則 小事講風格)."는 원칙과 멋을 함께 추구한다는 의미로 시진핑 리더십의 특징이다. 시진핑 주석이 2003년 《절강일보(浙江日報)》의 '지강신어(之江新語)' 코너에 기고한 칼럼 제목이기도 하다. 시 주석은 저장성 서기로 근무할 당시 저장혁신(浙江革新)을 의미하는 '저신(哲欣 · 철흔)'이란 필명으로 232편의 '지강신어'를 연재했다. 여기에 시진핑 리더십의 원형이 오롯

이 담겨 있다.

2007년 10월 시 부주석이 당 상무위원으로 선출됐을 때 홍콩 다궁(大公)보는 그를 이렇게 묘사했다. '디댜오, 핑스(平實 · 소박하고 수수), 첸허(謙和 · 겸손하고 온화), 다치(大氣 · 대범하고 당당)'라는 4단어였다. 이 중 '디댜오'와 '첸허'는 오늘의 시진핑을 있게 한 핵심 키워드라는 것이 전문가들의 분석이다.

시진핑은 하방 리더십을 구사한다. 책으로 엮은 《지강신어》 서문에서 "군중 속에서 나와 군중 속으로 간다"라고 표현했다. 그는 줄곧 기층 서민이 생활하는 현장을 찾아 그들의 목소리를 들었다. 2002년 저장성 서기 취임 9개월 만에 90개 현 중 예순아홉 곳을 시찰했다. 당 총서기 취임 이후에도 마찬가지다. 시진핑의 하방 리더십은 어린 시절 농촌 하방(下放)의 경험에서 시작됐다. 산시성 벽촌으로 하방된 시 주석은 토굴생활을 하며 현지 주민들과 함께 어울리며 그들의 애환을 경험했다. 이는 서구식 선거 민주주의에 대한 중국의 대답이기도 하다. 중국공산당은 유권자에게 영합하는 포퓰리즘으로는 21세기 중국을 이끌 수 없다는 결론을 내렸다. 친서민형 엘리트 지도자를 양성해 15억 중국호의 선장에 앉혀 하향식 민주를 실천한다는 전략이다.

시진핑은 개혁가이다. 그는 21세기 옹정제(雍正帝 · 재위 1722~1735)로 불린다. 반(反)부패와 개혁을 추진하는 모습이 닮아서 붙은 표현이다. 중국공산당은 2013년 11월 18기 3중전회(공산당 18기 중앙위원회 제3차 전체회의)에서 경제 · 정치 · 문화 · 사회 · 생태 · 국방 등 6대 분야 60개 항목의 개혁과제를 담은 개혁안을 통과시켰다. 시진핑 주석은 전면적 개혁심화영도소조를 신설하고 직접 조장을 맡아 개혁을 총지휘했다. 경제개혁에서 그는 '두 개의 손'을 강조했다. '보이는 손'과 '보이지 않는 손'인 정부와 시장의 조화를 이루겠다는 뜻이다. 구조개혁은 '두 마리 새'를 내세웠다. 향나무 가지에 자신을 불살라 다시 태어나는 봉황열반(鳳凰涅槃)과 새장을 들어 알을 많이 낳고 높이 나는 새로 바꾸는 등롱환조(騰籠換鳥) 전략이다. 극심한 스모그와 같은 환경오염은 '두 개의 산' 전략을 제시했다. 생태환경이 잘 보존된 녹수청산(綠水青山) 역시 자원이 풍부한 금산은산(金山銀山)이 될 수 있다고 말했다. 환경과 개발을 조화시켜 난개발을 막으라는 의미다.

시진핑은 순수한 지도자다. '지강신어'에서 그는 간부들에게 신독(愼獨)을 요구했다. "햇볕이 최고의 방부제"라며 부패를 경고했다. 총서기 취임 뒤에는 "거울 보고 옷매무새 똑바로 할 것(照鏡子 整衣冠)"이란 말로 8,668만 공산당원의 각성을 촉구했다. 시 주석은 최근 중국 사회를 좀먹고 있던 부패와의 전쟁을 선언하고 강도 높은 반부패활동을 전개하고 있다. 중국 사회의 체질 변화를 목표로 하고 있다. 시 주석의 개혁작업은 강력하게 진행되고 있으며, 과거 정권이 정권 초기 반부패투쟁을 벌여 권력을 안정시켜왔던 것과도 확연히 다르다. 정적 제거나 권력 강화 이상의 의미를 지녔다는 것이다.

그의 이름 석 자를 따서 '시(習)—윗세대의 장점을 배우는(習) 데 뛰어나고, 진(近)—중앙 지도부와 지방 인민 사이의 심리적 거리를 좁히는(近) 데 발군의 실력을 발휘하며, 핑(平)—평소 간부로서 태도는 소박하고(平) 겸손, 온화하며 대범하고 당당하다'는 말도 있다.

이 장에서 필자는 시진핑의 리더십을 제대로 알아보기 위해 그가 한 많은 연설과 글들을 인용할 것이다. 이 장에서 인용 부분은 큰따옴표로 표현하였으니 참고하기 바란다.

섬기는 리더십

인민이 동경하는 행복한 생활을 추구하라

시진핑은 아버지 시중쉰의 실각으로 우여곡절을 겪으며 젊은 시절을 인민들과 함께 했다. 그래서일까? 그는 인민들을 삶을 속속들이 알아채고 그들의 행복한 삶을 추구하는 데 무엇보다 관심이 많았다. 그가 중앙위원회 총서기에 당선되었을 때의 연설을 들어보자.

"기자 여러분은 18차 당대회와 관련된 많은 보도를 통해 '중국의 목소리'를 세계 각국에 전해주었습니다.88) 이에 저는 이번 대회의 사무처를 대표하여 진심으로 감사드립니다. 방금 우리는 중국공산당 제18기 중앙위원회 제1차 전체회의를 소집하였고, 이 회의에서 새로운

88) 중국공산당 제18차 전국대표대회.

중앙지도부가 출범하였으며 제가 중앙위원회 총서기로 선출되었습니다. 저는 새 중앙지도부를 대표해 우리에 대한 전당 동지들의 신뢰에 감사드리며, 전당 동지들의 위탁을 저버리지 않고 사명을 욕되게 하지 않을 것을 약속합니다.[89)]

전당 동지들의 깊은 신임과 전국 여러 민족 인민의 기대는 우리를 더욱 분발하게 하는 동력이며 동시에 어깨 위에 놓인 무거운 책임이기도 합니다.[90)]

이 중대한 책임은 곧 민족에 대한 책임입니다. 우리 민족은 위대한 민족입니다. 5천여 년의 문명 발전사를 돌아볼 때 중화민족은 인류의 문명과 진보에 불멸의 기여를 하였습니다. 근대 이후 우리 민족은 가장 위험한 시기를 거치면서 많은 역경을 헤쳐왔습니다. 그때부터 무수한 인인지사(仁人志士, 대중을 위해 몸 바치는 사람들)들이 중화민족의 위대한 부흥을 실현하기 위해 항쟁에 나섰습니다. 그러나 항쟁은 번번이 실패로 끝나고 말았습니다. 오로지 중국공산당이 탄생한 이후 인민을 단합, 영도해 희생을 무릅쓰고 맹렬하게 싸운 결과 가난하고 낙후한 중국을 번영하고 부강한 신중국으로 변화시켰고, 중화민족의 위대한 부흥을 실현하기 위한 유례없는 밝은 전망을 펼쳐놓았습니다. 우리의 책임은 전당과 전국 여러 민족 인민을 단합하고 영도하여 역사의 바통을 이어받아 중화민족의 위대한 부흥을 실현하기 위해 계속 노력하고 분투함으로써 역동적이고 자립 의지가 강한 중화민족이 세계 속에 우뚝 서

---

89) 시진핑 국정운영을 말하다, 시진핑, 미래엔, 2015, 16.
90) ibid., 17.

고 인류를 위해 더욱 새롭고 크게 기여하게 하는 것입니다.[91]

이 중대한 책임은 인민에 대한 책임이기도 합니다. 우리 인민은 위대한 인민입니다. 부지런하고 용감하며 슬기로운 중국인민은 기나긴 역사를 거치면서 여러 민족이 화목하게 공존하는 아름다운 삶의 터전을 마련하였고, 세월이 흘러도 빛바래지 않는 우수한 문화를 가꾸고 발전시켜왔습니다. 삶을 소중히 여기는 우리 인민은 더 좋은 교육과 더 안정된 일자리, 더 만족스러운 소득, 더 든든한 사회보장, 더 높은 수준의 의료 서비스, 더 쾌적한 주거 여건, 더 아름다운 환경이 마련되고, 자녀들이 잘 자라서 즐겁게 일하고 더 잘 살 수 있기를 바랍니다. 인민이 동경하는 행복한 생활이 바로 우리가 지향해야 할 목표입니다. 이 세상 모든 행복은 열심히 일해야만 누릴 수 있습니다. 우리의 책임은 전당과 전국 여러 민족 인민을 단합하고, 영도하여 지속적으로 사상을 해방하고 개혁개방을 견지하며, 사회 생산력이 향상되게 하며, 민중의 생산활동과 생활에서 맞닥뜨리는 어려움을 해결해줌으로써 굳건하게 공동 부유의 길로 나아가게 하는 것입니다.

이 중대한 책임은 또한 당에 대한 책임이기도 합니다. 우리 당은 전심전력으로 인민을 위해 봉사하는 당입니다. 그동안 우리 당은 인민을 영도하여 세계가 주목하는 성과를 거두었습니다. 이는 우리가 충분히 자부심을 가질 만한 성과입니다. 그러나 자부심을 갖되 자만하지 않을 것이며, 결코 지난 공적에 매달리지 않을 것입니다. 새로운 정세 속에서 우리 당은 수많은 심각한 도전에 직면해 있으며 당내에

---

91) ibid., 18.

는 해결해야 할 문제가 산적해 있습니다. 무엇보다도 일부 당원 간부들 사이에 나타나는 부정부패, 대중 이탈, 형식주의, 관료주의 등은 반드시 총력을 기울여 해결해야 할 문제입니다. 이를 해결하려면 반드시 전당 차원에서 경각심을 높여야 합니다. 쇠를 두들기려면 자신부터 단단해야 한다는 말이 있습니다. 우리의 책임은 전당 동지들과 함께 당을 계속 관리하고 엄격히 다스려 당내에 존재하는 심각한 문제를 확실하게 해결하며, 업무 기풍을 철저히 바로잡고 인민대중과 밀접히 연계해 우리 당이 언제나 중국식 사회주의 위업을 이끄는 튼튼한 핵심이 되게 하는 것입니다.[92]

인민대중은 역사의 창조자이자 진정한 영웅이며, 우리 역량의 원천입니다. 한 사람의 힘으로는 한계가 있지만 우리 모두 한마음으로 노력하면 그 어떤 어려움도 이겨낼 수 있으며, 한 사람이 일하는 시간은 제한되어 있지만 전심전력으로 인민을 위해 봉사하는 일은 끝이 없다는 것을 우리는 잘 알고 있습니다. 책임은 태산보다 무겁고 할 일은 많고 갈 길은 멉니다. 우리는 항상 인민대중과 한마음이 되어 고락을 함께하고 단합, 분투하며 밤낮없이 공무에 충실함으로써 역사와 인민에게 인정받을 수 있는 답안을 내놓아야 합니다.[93]

중국은 세계를 더 많이 알아야 하고 세계도 중국을 더 많이 알아야 합니다. 중국과 세계 각국의 상호 이해를 증진하기 위해 기자 여러분이 계속 노력하고 기여해주시기 바랍니다."[94]

---

92) ibid.
93) ibid.
94) ibid.

오직 인민만 섬겨라

또한 시진핑은 '실질적으로 일하고 선두에 서자'라는 주제로 열린 기념일 관련 시장 공급 및 물가 상황 점검 연설에서[95] "마음으로 인민을 섬기지 않는 사람은 관료가 되면 안 된다"라고 말했다. 그리고 인민을 위해 일하지 않는 사람이라면, 그를 굳이 관료의 자리에 앉힐 필요가 없다고 강조했다.

뭔가를 할 의지가 없는 사람에게 무슨 일을 시키겠는가. 민생은 추상적이고 공허한 개념이 아니다. 인민의 실질적인 이익을 위해 얼마나 열심히 일하는가 하는 점은 관료의 책임감을 시험할 수 있는 잣대이다. 시진핑은 시를 인용해 각급 관료들에게 세상의 큰일도 작은 일부터 시작한다는 태도로 날마다 세심하고 성실하게 민생을 돌볼 것을 요구했다.[96]

'왜 관료가 되었는가?'라는 질문에 대한 답을 찾으면 뒤따르는 많은 어려움을 해결할 수 있다. 개인의 욕심을 챙기고 이해득실에 연연하는 사람은 관료로서 적합하지 않다. 시진핑은 관료가 되는 것과 돈을 버는 것은 별개의 일이라고 강조하며 오직 인민을 위해 일하라고 당부했다.[97]

---

95) 시진핑을 통해 진짜 중국을 만나다, 인민일보평론부, 김락준역, 가나출판사, 2016, 12-13.
96) ibid.
97) ibid.

민심을 따르면 흥한다

아울러 시진핑은 중국 인민정치협의회 성립 65주년을 축하하는 대회에서 집권 정당에게 가장 근본적인 문제는 '민심'이라며《관자》에 나오는 "민심을 따르면 흥한다"라는 말을 통해 민심을 잡는 것과 정권을 잡는 것이 상호 보완적인 관계임을 설명한 후 민심의 동향과 민생의 고통을 진실하게 이해하고, 인민의 마음을 자기 마음처럼 받아들여야 한다고 말했다. 근본적으로 인민에게 이익이 되고 이론적 근거가 있는 정책을 시행할 때 당이 정치적 우세를 획득할 수 있기 때문이다.[98]

그동안 중국공산당은 당의 깃발에 '인민'이라는 두 글자를 새겨 넣음으로써 인민을 한결같이 섬기겠다는 의지를 표명해왔다. 인민은 혁명·건설·개혁을 이루는 원동력이자 지혜의 원천이었다. 이제 인민은 더 나은 삶을 살고 싶어 하는 새로운 기대를 품고 있다. 따라서 당은 발전 성과가 전 인민에게 공평하게 돌아갈 수 있게 더 노력해야 하고, 모두가 풍요롭게 생활할 수 있게 정책을 추진해야 한다는 것이다.[99]

인민의 고단함을 살피라

시진핑은 그의 책《가난에서 벗어나자》에서 이렇게 기록했다.

98) ibid., 17.
99) ibid.

"세상을 살다 보면 각종 어려움을 겪게 마련이다. 사회 전반적으로 볼 때 어려움을 겪는 인민의 비율은 그리 높지 않다 하더라도 개인이나 각 가정으로서는 자신들이 겪는 어려움의 강도가 최고치라고 느껴진다. 따라서 사회의 리더들은 인민이 안정적으로 생활하고 즐겁게 일할 수 있는 환경을 만들기 위해 노력해야 하고, 인민의 절실한 어려움을 해결하는 데 중점을 두어야 한다."[100]

시진핑은 18대 대회가 끝나고 외신 기자들을 만났을 때 "인민은 이상적인 생활을 열망한다. 그러므로 이것이 우리가 추구해야 하는 목표이다"라고 강조했다. 이 말에는 '더 좋은 교육, 더 안정적인 일자리, 더 만족스러운 수입, 더 아름다운 환경' 등이 포함된다.[101]

그는 그 해법으로 "인민을 편안하게 하려면 먼저 인민의 고단함을 살펴야 한다. 입으로는 인민을 위해 봉사한다면서 행동으로는 인민의 고단함을 살피지 않고, 민생에 대한 걱정을 문서로 작성하기만 하고 정작 인민에게 혜택이 돌아가는 정책을 시행하지 않는 것은 이율배반적인 행위이다. 이렇게 해서야 어떻게 민심을 얻겠는가. 인민의 고단함과 근심 걱정을 진실하게 살피고 내 아픈 배를 치료하듯 인민의 걱정을 치료하고 근본적인 이익을 줄 수 있는 방안을 만들어야 한다. 그래야만 더 많은 인민이 단결해서 선진 국가 건설과 민족 부흥의 길에 강한 힘이 되어줄 수 있다."[102]고 말했다.

---

100) ibid., 19.
101) ibid.
102) ibid., 20.

인민의 근심을 해결해주어라

시진핑은 당의 군중노선교육실천활동 2차 총화 및 2차 부서회의 연설에서 "인민의 이익과 관계있는 일 중에 사소한 일은 없고, 인민에게 봉사하는 일 중에 소홀히 해도 되는 일은 없다. 징간산에서 제정된 3대 규율과 8항 주의는 그 규정의 엄정함을 통해 모두의 마음을 하나로 모으는 중요한 매개체 역할을 했다."[103]고 언급했다.

그렇다면 인민의 신임과 지지는 언제 나올까? 정부가 인민을 위해 사소한 봉사를 할 때, 인민의 작은 근심을 해결해줄 때 나온다. 시진핑은 교육실천활동 때 일부 관료가 자신의 불찰을 돌아보기는커녕 '이런 활동은 나와 관계없다'는 식으로 남의 잘못만 지적하고, 참여하려는 마음을 갖기는커녕 '나는 문제없다'는 식으로 소극적인 태도로 일관하는 것을 발견했다. 이에 현미경으로 들여다보는 것처럼 민생의 고단함을 살피고, 4풍의 고질병을 극복하고, 인민에게 봉사하는 의식을 높이고, 분수를 엄격히 지키고, 인민의 이익에 관한 일이면 실오라기 또는 털끝만 한 일이라도 세심하게 마음을 쓰라고 지시했다. 과거에 대수롭지 않게 여기던 문제를 분명하게 인식하고 소홀히 여기던 문제를 다시 살피면, 인민을 더 이롭게 할 수 있고 인민을 오랫동안 괴롭힌 병폐를 없앨 수 있다는 것이었다.[104]

---

103) ibid., 23.
104) ibid., 25.

인민을 보면 국가의 통치상황을 안다

시진핑은 당의 군중노선교육실천활동 1차 총화 및 2차 부서회의 연설에서 인민을 종종 배를 띄우는 물, 씨를 뿌리는 땅, 가지와 잎에 생명력을 공급하는 뿌리에 비유하며 인민을 보면 그 나라의 통치상황을 알 수 있다고 말했다. 그렇기 때문에 관료에게 인민이 얼마나 중요한지는 아무리 강조해도 지나치지 않으며 당과 인민은 따로 떨어져서는 생각할 수 없는 혈육관계임을 강조했다. 그렇기에 당내 교육활동은 인민에게 가깝게 다가가는 것을 핵심 과제로 삼고 인민에게 폐쇄적이어서는 안 된다며 시진핑은 관료들에게 인민의 객관적인 상황을 고려하지 않은 채 자기 생각대로만 말하는 것을 경계하라고 지적했다.[105)]

그는 인민을 통치상황을 비춰주는 물에 비유했다. 실생활에서 교육실천활동을 할 때는 물론 그 밖의 일을 할 때도 인민에게 감독과 평가를 맡기고, 수시로 인민이라는 거울에 비추어 인민의 잣대로 비교해야 함을 강조한 것이다. 그렇게 하면 관료는 '누구에게 의지하고, 누구를 위해 일해야 하는가'라는 물음에 스스로 대답할 수 있다는 것이었다.[106)]

---

105) ibid., 27.
106) ibid., 28.

인민을 가난에서 벗어나게 하자

시진핑은 '실질적으로 일하고 선두에 서자'라는 주제로 열린 기념일 관련 시장 공급 및 물가 상황 점검 연설에서 인민의 삶을 개선하는 일에 끝은 없고 오직 새로운 시작만이 있다고 반복해서 강조했다. 인민은 관료가 하는 일의 출발점이자 목표점이다. 관료들이 인민을 진실하게 대하지 않고 정을 주지 않는다면, 발전과 개혁을 이룬들 무슨 의미가 있겠는가? 인민의 생활 형편은 민심으로 이어지고, 민심은 국운에 영향을 준다.

세상의 가난한 선비들을 보호하겠다는 두보의 시는 시진핑의 포부 및 정치적 관심과 맞닿아 있다. 이는 90여 년의 역사를 가진 중국공산당의 가치이기도 하다. 일찍이 강태공은 "나라를 잘 다스리려면 부모가 자식을 사랑하는 것처럼, 형이 동생을 사랑하는 것처럼, 누가 굶었다는 소식을 들으면 가엾게 여기는 것처럼, 힘들게 일하는 것을 보고 슬퍼하는 것처럼 백성을 대하라"라고 했다. 그의 말처럼 시진핑은 인민의 심부름꾼인 관료는 인민의 일상생활을 항상 염려해야 한다고 강조한다.

원칙의 리더십

법치국가, 법치정부, 법치사회를 구현하자

시진핑은 중국이 발전하려면 법 질서의 확립이 중요하다고 판단했다. 그래서 법치를 강조했다. 법치를 주장한 그의 연설을 들어보자.

"소강사회를 전면적으로 달성하기 위해서는 더 높은 수준의 의법치국이 요구됩니다. 18차 당대회 정신을 전면적으로 관철, 집행하고 덩샤오핑 이론 · '3개 대표' 중요 사상 · 과학적 발전관을 지도이념으로 삼아 과학적 입법 · 엄격한 법 집행 · 공정한 사법 · 전 인민의 법 준수를 전면적으로 추진하고, 의법치국 · 의법집정 · 의법행정을 공동으로 추진하여 법치국가 · 법치정부 · 법치사회의 일체화 건설을 견지하고, 의법치국의 새로운 국면을 계속 열어나가야 합

니다.[107)]

우리나라는 헌법에 의해 통솔되는 중국식 사회주의 법률체계를 형성해 국가 및 사회생활의 모든 분야에 준거하는 법을 마련했습니다. 이는 우리가 이룩한 중대한 성과입니다. 실천은 법률의 토대이며, 법률은 실천하는 과정에서 발전합니다. 완벽한 입법 계획을 세우고 입법의 중점을 부각하며, 입법과 개정 및 폐기를 병행해 입법의 과학화, 민주화 수준을 높이고, 법률의 조준성, 적시성, 체계성을 높여야 합니다. 입법 실무 메커니즘과 절차를 정비하고 광범위한 대중의 질서 있는 참여를 확대하며, 여러 측면의 의견을 충분히 수렴함으로써 경제사회의 발전 요구가 법률에 정확히 반영되고, 이익관계의 조화를 효과적으로 이루어 입법의 견인과 추진 역할을 발휘할 수 있게 해야 합니다.[108)]

헌법과 법률 시행을 강화하고 사회주의 법제의 통일, 존엄, 권위를 수호함으로써 사람들이 위법하려 들지 않고, 위법할 수 없으며, 감히 위법하지 못하는 법치환경을 만들어야 합니다. 법을 반드시 지키고, 법을 엄격하게 집행하며, 법을 위반하면 반드시 처벌되게 해야 합니다. 행정기관은 법률과 법규를 실시하는 중요한 주체이므로 솔선하여 법을 엄격히 집행하고 공공 이익과 인민의 권익과 사회 질서를 수호해야 합니다. 법 집행자는 반드시 법률을 충실히 지켜야 합니다. 각급 지도기관과 지도간부는 법치사상과 법치방식의 적용 능력을 제고

---

107) 시진핑, 183.
108) ibid., 184.

해 법치로써 개혁의 공감대를 형성하고 규범적 발전을 추진해 갈등을 해소하고 사회의 화합을 보장해야 합니다. 법 집행에 대한 감독을 강화하고 법을 집행함에 있어 불법적 개입을 단호히 차단하며, 지역 보호주의와 부문 보호주의를 단호히 방지하고 지양하며, 부패 현상을 단호히 처벌해야 합니다. 그리하여 권력에는 반드시 책임이 따르고, 권력을 사용할 때는 감독을 받아야 하며, 위법행위는 반드시 처벌을 받게 해야 합니다.[109]

우리는 인민대중이 하나하나의 사법 안건에서 모두 공평과 정의를 느낄 수 있게 할 것을 제시했습니다. 모든 사법기관은 이 목표를 중심으로 업무를 개진하여 사법의 공정성을 해치고 사법 능력을 제약하는 심층적인 문제를 중점적으로 해결해야 합니다. 인민을 위한 사법을 견지하고 사법 업무 기풍을 개진해 열정적인 봉사를 통해 시민들이 소송하기 어려운 문제를 실질적으로 해결해주어야 합니다. 사법 공무원들은 대중에게 다가가고 사법행위를 규범화하며, 사법의 공개 수준을 높여 공정한 사법을 원하는 인민의 관심과 기대에 부응해야 합니다. 사법기관과 검찰기관은 법에 의거해 독립적이고 공정하게 재판권, 검찰권을 행사할 수 있게 보장해야 합니다.

그 어떤 조직 또는 개인이든 헌법과 법률의 범위 내에서 활동해야 하고, 그 어떤 시민, 사회조직과 국가기관도 헌법과 법률을 행위의 준칙으로 삼아야 하며, 헌법과 법률에 의거하여 권리 또는 권력을 행사하고 의무 또는 직무를 이행해야 합니다. 법제 홍보 교육을 심도 있게

109) ibid.

전개해 사회 전반에 사회주의 법치정신을 고양하고, 전체 인민대중이 법을 준수하고 문제가 생기면 법에 의거하여 해결하며, 법을 준수하는 것을 자랑스럽게 여기는 양호한 분위기를 형성해야 합니다. 법제 교육과 법치 실천을 결합해 법에 의한 운영활동을 광범위하게 전개하며 사회 관리의 법치화 수준을 제고해야 합니다. 의법치국과 이덕 치국, 법치 건설과 도덕 건설을 결합하고 타율과 자율을 긴밀히 결합해 법치와 덕치가 상부상조하고 상호 추진될 수 있게 해야 합니다.[110]

우리 당은 집권당으로서 의법 집권을 견지하는 것이 의법치국을 전면적으로 추진하는 데 중대한 역할을 할 것입니다. 당의 영도, 인민이 나라의 주인 됨, 의법치국의 유기적인 통일을 견지해 다의 영도를 의법치국의 전반에 걸쳐 관철해야 합니다. 각급 당 조직은 반드시 헌법과 법률의 범위 내에서 행동해야 합니다. 각급 지도간부는 솔선하여 법에 의거해 사무를 처리하고 법을 준수하는 데 앞장서야 합니다. 각급 조직 부처에서는 법에 의한 사무처리 여부와 법률 준수 여부를 간부에 대한 조사 및 평가의 중요한 조건으로 삼아야 합니다."[111]

법을 집행하는 사람은 단호하라

시진핑은 신장 시찰을 마치고 진행한 연설에서 "법이 제대로 시행된

110) ibid., 185.
111) ibid.

다는 걸 전 인민이 믿게 하려면 어떻게 해야 할까?"라고 물은 뒤 "법을 강하게 집행해야 한다"고 답했다. 시진핑은 법을 만들고 집행하는 사람들은 먼저 법치주의에 따라 생각하고, 아는 대로 행동하고, 인정에 구애되지 않고 공평무사해야 하며,[112] 모든 사법 안건이 공평하고 정의롭게 처리된다는 것을 전 인민이 느낄 수 있게 하기 위해 법을 다루는 사람들이 열심히 노력해야 한다고 강조했다. 법치주의에 대한 인민의 신뢰는 법을 지키는 사람에게는 이익을 주고 법을 어기는 사람은 처벌할 때, 그리하여 모든 법과 제도가 효과적으로 지켜질 때 쌓인다고 말한 것이다.[113]

법에 따라 다스려라

시진핑은 당의 군중노선교육실천활동 총결대회 연설에서 엄격한 규율은 당을 엄격하게 다스리기 위한 전제 조건이라고 설명했다. 엄격한 규율 없이 당을 엄격하게 다스린다는 것은 앞뒤가 맞지 않다. 그래서 군중노선교육실천활동 과정에서 시진핑은 당의 엄격한 규율을 반복해서 강조했고, 이를 관료사회의 풍토를 바꾸고 부패를 척결하는 유능한 조수로 삼았다.[114]

"사사로움을 따르면 어지러워진다"라는 명언은 법을 엄격하게 집

112) 김락준, 60.
113) ibid.
114) ibid., 63.

행할 때 공공심이 가장 필요하고 사리사욕을 제일 먼저 버려야 한다는 가르침을 준다. 법을 있으나 마나 한 것으로 치부하고, 부정부패를 저지르고, 법보다 자기 목소리를 내세우고, 권력으로 법을 무시하고, 사사로운 정에 얽매여 법을 어긴다면 어떻게 법에 권위가 서고 공신력이 생기겠는가.[115]

그래서 시진핑은 다음과 같은 말로 공과 사의 관계를 잘 처리하라고 끊임없이 강조했다.

"당의 규율과 국가의 법 앞에서 관료는 사리사욕을 줄이고 청렴함과 공정함을 더해야 한다. 또한 특정 단원이나 관료가 특혜를 받는 일 없이 모두가 평등한 대우를 받고, 청탁이나 인맥의 사슬이 존재할 수 있게 행동해야 한다. 그러면 당의 규율이 엄격해지는 것은 물론이고, 안으로는 도덕성과 자제력이 강화되고 밖으로는 스스로 행동을 단속하게 되어 결국 도법자치의 경지에 도달할 수 있게 된다."[116]

정해진 법은 지켜라

시진핑은 법치를 추진하는 중대 문제 결정에 관한 중국공산당 중앙위원회의 설명에서 이렇게 말했다.

"법은 사람들이 지킬 때 생명력이 생기고, 권위가 생긴다. 법이 있지만

115) ibid.
116) ibid.

지켜지지 않고, 창고에 쌓인 물건처럼 방치되고, 효력이 없어 한낱 법전 속의 글에 머무른다면 아무리 많은 법을 만든다 한들 소용이 없다."

그렇다면 법이 반드시 지켜지게 하려면 어떻게 해야 할까? 인민의 권익을 법으로 보장하면 억지로 시키지 않아도 인민이 법의 권위를 보호하며 결과적으로 법을 잘 지키게 된다. 시진핑은 이와 비슷한 의미로 "사람의 마음을 움직이는 것이 최고의 정치다"라고 말했다. 이 관점에서 생각하면 사람의 마음을 움직이는 것이 최고의 법치라 할 수 있다.

합리적이고 공정한 법을 만들어 엄격하게 집행하는 것은 법치국가 건설의 성공을 판단하는 중요한 기준이요, 법이 지켜지기 위한 핵심 조건이다. 당이 법을 지키고, 정부가 법을 지켜야 한다. 또한 관료는 법치사고를 강화해 법치의 궤도 위에서 일하고, 인민도 문제가 생겼을 때 법에서 근거를 찾아 해결해야 한다. 그래야만 좋은 법치 환경이 만들어지고, 법치국가를 위한 튼튼한 기초가 만들어진다.[117] 시진핑은 그것을 알고 관료사회에 끊임없이 법치 환경의 중요성을 외쳤다.

전 인민이 법을 지키게 하라

시진핑은《가난에서 벗어나자》에서 "관료는 마땅히 법에 해박해야 한다. 법에 대해 잘 모르면 기강이 바로 서지 않고, 기강이 바로 서지

117) ibid., 66.

않으면 공정함과 정의로움을 수호할 수 없다"며 "전 인민이 법을 지키게 하라"고 주장했다. 이 말은 관료가 앞장서서 법에 따라 일을 처리하고, 법을 공정하게 집행하고, 규율을 엄격하게 지켜야 한다는 것을 강조한다. 그는 이에 대해 "법의 생명력은 성실히 지켜질 때 생기기 때문이다"라고 썼다.118)

시진핑은 "제도를 종이호랑이와 허수아비로 만들면 안 된다", "규율이 있으나 마나 한 제약이나 쓸모없는 공문으로 치부되어선 안 된다"라고 반복해서 강조했다. 또한 "관료는 오인주의와 사리사욕을 버려야 하며, 전 인민이 법을 '전기가 흐르는 고압선'처럼 여김으로써 사회 전체에 법을 잘 지키는 분위기가 만들어져야 한다"고 썼다.119)

개혁은 법에 근거를 두어야 한다

시진핑은 "개혁은 법에 근거를 두어야 한다"는 말을 인용해 중앙정책에서 법을 근거로 개혁을 강화해야 한다고 설명했다. 그리고 18회 제3차 전체회의에서 결정된 60대 항목, 180여 개 조목은 이미 강화된 개혁을 위한 시간표와 노선표가 되었고, 가장 믿을 만한 방법이자 규칙이 되었다. 이에 따라 "고위층과 말단 조직이 똑같이 규칙을 지킨다면 개혁은 틀림없이 꾸준히 추진될 것이다"라고 주장했다.120)

---

118) ibid., 71.
119) ibid.
120) ibid., 75.

시진핑은 관료가 개혁을 추진할 때 기본적으로 갖춰야 하는 덕목으로 법치사고와 법치방식을 들었다. 또한 "관료는 법치사고와 법치방식으로 개혁을 강화하고, 발전을 도모하고, 모순을 해결해야 한다"라며 중대개혁은 반드시 법에 근거를 두어야 한다고 강조했다. 시진핑이 이 고전 문구를 인용한 것은 개혁의 방법론을 설명하기 위해서다. 나라를 다스릴 때 법률은 중요한 근거이자 근본적인 기준이 된다. 규칙을 지키지 않고 법치를 무시한다면, 어떻게 창조와 창업의 원천이 끊임없이 솟구치는 공평하고 활기찬 사회를 만들 수 있겠는가?[121]

---

121) ibid.

공평과 정의의 리더십

공평과 정의를 촉진하여 인민을 행복하게 하자

시진핑은 공평과 정의를 중요시했다. 이를 위해 그는 법치라는 것을 기본 틀로 두고자 했다. 그리고 그것이 지향하는 것은 바로 인민의 행복이었다. 공평과 정의에 대한 시진핑의 생각을 담은 다음의 연설을 보자.

"전반적으로 안정된 사회 정세를 유지하는 것을 기본 임무로 삼고 사회의 공평 정의 촉진을 핵심 가치로 추구하며, 인민의 편안한 생활과 즐거운 생업을 보장하는 것을 근본 목표로 엄격한 법 집행과 공정한 사법을 견지하고 개혁을 적극 심화해야 합니다. 또한 정법 업무를 강화하고 개진하며, 인민대중의 이익을 보호하고, '두 개의 1백 년' 분투 목표와 중화민족의 위대한 부흥이라는 중국의 꿈을 실현할 수 있게 효과적으로 보장해주어야 합니다.[122]

정법전선에서는 당의 영도를 확실한 태도로 견지해야 합니다. 당의 영도를 견지한다는 것은 인민이 주인이 되어 의법치국을 실시할 수 있게 지지하며, 당이 인민을 끌고 국가를 운영하는 기본 방침임을 말합니다. 정법 업무에 대한 당의 영도를 강화하고 개선해 당의 지도 능력과 수준을 끊임없이 향상해야 합니다.[123]

당의 정책과 국가 법률의 관계를 정확하게 처리해야 합니다. 우리 당의 정책과 국가 법률에는 모두 인민의 기본 의지가 반영되어 있으며, 본질적으로는 서로 일치합니다. 당은 인민을 이끌고 헌법과 법률을 제정하고 집행함으로써 당의 입법 지도, 법 집행 보장, 솔선수범하는 법 준수를 구현하고 있습니다. 정법 업무를 통해 당의 정책과 국가 법률의 권위를 자발적으로 보호해 당의 정책과 국가 법률이 통일적으로 정확히 실시될 수 있게 확보해야 합니다. 그러기 위해서는 당의 영도를 견지하는 것과 사법기관의 독립적이고 공정한 직권 행사의 관계를 정확하게 정리해야 합니다. 각급 당 조직과 간부들은 정법 시스템의 각 기관이 헌법과 법률에 의거해 독립적이고 공정한 직권 행사의 관계를 정확하게 정리해야 합니다. 당의 정법위원회는 직능의 포지셔닝을 명확히 하고 법치사상과 법치방식을 잘 적용해 정법 업무를 지도함으로써 국가 운영 시스템과 집정 능력의 현대화 추진에

122) 시진핑, 186.
123) ibid.

서 중요한 역할을 발휘하게 해야 합니다.[124)]

전반적으로 안정된 사회 정세를 유지하는 것은 정법 업무의 기본 과업입니다. 안정 유지와 권리 보호의 관계를 잘 정리하고 인민대중의 이익을 위한 요청 사항을 합리적이고 합법적으로 해결하며, 대중과 직결된 이익을 보호하는 데 중대한 역할을 하는 제도를 정비하고, 갈등해소 과정에서 법률의 권위적 지위를 강화함으로써 대중의 권익이 공평하게 돌아가고 있으며 그들의 이익이 효과적으로 보호받고 있다는 느낌이 확실히 들게 해야 합니다. 활력과 질서의 관계를 잘 처리하고 시스템 관리, 의법 관리, 종합 관리, 원천 관리를 통해 전반적으로 사회의 안정을 수호해야 합니다.

사회의 공평 정의를 촉진하는 것은 정법 업무의 핵심가치를 추구하는 것입니다. 어떤 의미에서 보면 공평 정의는 정법 업무의 생명선이며, 사법기관은 사회의 공평 정의를 수호하는 최후의 방어선이라고 할 수 있습니다. 정법전선은 어깨에는 공정한 저울을 메고 손에는 정의의 검을 들고 실제 행동으로 사회의 공평 정의를 수호해 인민대중이 공평 정의를 피부로 명확히 느낄 수 있게 해야 합니다. 인민대중의 권익을 해치는 심각한 문제를 중점적으로 해결해야 하며 인민대중이 소송을 제기하기 어려운 상황을 결코 용납할 수 없습니다. 권력을 남용해 인민대중의 합리적 권익을 침해하거나 법을 집행하는 자가 법을 위반해 억울한 사건이나 잘못된 판결을 초래하는 행위는 절대 용납할 수 없습니다.[125)]

---

124) ibid., 187.

인민이 편안하게 생활하고 즐겁게 생업에 종사할 수 있게 보장하는 것은 정법 업무의 근본 목표입니다. 정법기관과 광범위한 간부 경찰들은 인민대중의 일을 자신의 일로 여기고 인민대중의 작은 일도 자신의 큰일로 삼아야 하며, 인민대중이 만족할 수 있게 일을 처리하고, 인민대중이 불만을 느끼는 문제부터 개선하며, 인민대중이 편안한 생활을 누리고 즐거운 생업에 종사할 수 있게 강력한 법적 보장을 제공해야 합니다. 사회 치안의 종합적 관리를 심도 있게 추진하여 심각한 형사 범죄가 빈발하는 사태를 단호히 억제하며 인민의 생명과 재산을 안전하게 보호해야 합니다.[126)]

정법기관은 당과 인민이 부여한 영광스러운 사명을 수행하기 위해 반드시 법을 엄격하게 집행하고 공정하게 사법 처리를 해야 합니다. '공정하면 밝아지고 청렴하면 위엄이 생긴다'는 말이 있습니다. 직업적 양심을 지키고 인민을 위해 법을 집행하며, 광범위한 간부와 경찰들이 직업윤리에 입각해 스스로 언행을 단속할 수 있게 교육하고 지도함으로써 인민대중이 극도로 싫어하는 일에 대해서는 절대 태만하지 않으며, 권선징악을 실천하고 법의 집행을 엄격히 수행하는 호연지기를 확립해야 합니다. 법치를 믿고 굳게 지키며, 법률을 알고 이해하며, 법을 지키고 보호하는 법 집행자가 되어야 합니다. 당당하고 바른 입장과 자세로 사실과 법률만 인정하며, 추호의 사심이나 인정에 구애되지 않고 공정하게 법을 집행해야 합니다. 제도적 보장을 받으

---

125) ibid.
126) ibid., 188.

면서 법 집행 과정에 부분마다 격리벽을 설치하고 고압선을 흐르게 하여 제도를 위반하는 자는 바로 가장 엄중한 처벌을 가하고 범법을 일삼는 자는 법에 의거해 형사책임을 지워야 합니다. 공개적인 처리로 공정함을 촉구하고 투명한 처리로 청렴함을 보장해야 하며, 주도적으로 공개하고 주도적으로 감독하는 의식을 강화함으로써 배후조직의 여지를 없애고 사법 부패를 숨길 수 없게 해야 합니다.[127)]

각급 지도간부들은 법에 의거해 사무를 처리하고 법을 준수하는 데 앞장서며, 법률의 경계선을 건드리거나 법률의 마지노선을 넘어서서는 안 된다는 관념을 굳게 확립해야 합니다. 법에 의하여 자신의 권한을 넘어서는 행위를 금지하고, 말로 법을 대신하거나 권력을 이용해 법을 어기거나 시사로운 정에 이끌려 부정행위를 하는 것을 더욱 용납해서는 안 됩니다. 법정 질서를 위반해 사법 등록과 수리에 개입하는 행위에 대한 통보제도와 책임추궁제도를 확립하고 보완해야 합니다.

우리의 정법 진영의 주류는 양호합니다. 그들은 당의 지휘를 받들고 인민에 봉사하며, 어려운 전투를 치를 수 있고 희생을 두려워하지 않으며, 인민대중이 전적으로 신뢰할 수 있는 강인한 전투력을 갖춘 조직입니다. 각급 당 위원회와 정부는 경찰을 우대하는 정책 조치를 실행하고, 간부와 경찰들이 실질적으로 겪고 있는 문제를 해결해주어야 합니다. 정치 · 업무 · 책임 · 기강 · 기풍이 모두 우수해야 한다는 요구에 따라 확고한 신념, 인민을 위해 법을 집행하는 태도, 대담한 책임감과 청렴한 기강으로 무장한 정법 진영을 만들기 위해 노력해야 합니다.

---

127) ibid.

확고한 이상과 신념은 정법 진영의 정치적 영혼입니다. 이상과 신념 교육을 정법 진영 정비의 최우선에 두고 언제나 기치를 높이 들고 당의 지휘에 따르며 사명에 충실한 사상 기초를 굳게 다져야 합니다. 당의 사업과 인민의 이익, 헌법과 법률을 가장 높은 위치에 두고 당과 국가, 인민, 법률에 충성하는 정치적 본색을 영원히 지켜야 합니다. 정법 진영은 과감하게 중책을 맡고 옳지 않은 일은 절대 방임하지 않고 과감히 단죄의 칼을 빼들고 결연히 투쟁해야 합니다. 시급하고 어렵고 위험성이 큰 임무가 주어지면 위축되지 않고 강인하게 버텨 필사적으로 해내야 합니다. 기강 교육을 강화하고 기율 집행 메커니즘을 보완해 강철 같은 기율로 강력한 정법 진영을 만들어야 합니다. 간부 경찰의 능력을 제고하여 정법 업무의 각종 과업을 잘 이행할 수 있게 확실하게 보장해야 합니다. 가장 확고한 의지와 행동으로 정법 분야의 부패 현상을 제거하고 사회에 해악을 끼치는 무리를 제거해야 합니다.[128]

사법체계의 개혁은 정치체제 개혁의 중요한 구성 요소로 국정운영 시스템과 집정 능력의 현대화를 추진하는 데 있어 매우 중요한 의의를 지닙니다. 지도력과 협력을 추진하고 실효성을 추구하여 공정하고 효과적이며 권위적인 사회주의 사법제도를 강화해야 합니다. 당의 지도를 더욱 잘 견지하고 우리나라 사법제도의 특색을 더욱 잘 발휘하며 사회의 공평 정의를 더욱 잘 추진해야 합니다."[129]

---

128) ibid., 189.
129) ibid.

15억 인민이 공평한 교육을 받아야 한다

그는 공평과 정의의 근간으로 법과 교육을 들었다. 이는 대단히 중요한 지점을 파악한 것으로 그의 교육철학과도 연결된다. 다음의 연설을 통해 그의 교육관이 공평과 정의에 어떻게 닿아 있는지 확인해보자.

"교육은 백년대계의 근본입니다. 교육은 인류가 문명과 지식을 계승하고 젊은 세대를 양성하며 행복한 생활을 창조하는 기본적인 길입니다.[130] 중국은 유엔의 제안에 계속 호응할 것입니다. 2억 6천만 명의 재학생과 1천 5백만 명의 교사들을 보유하고 있는 중국에서 교육을 발전시키는 임무는 막중합니다. 중국은 과학과 교육을 통해 국가를 부흥하는 전략을 계속 실시하고, 교육을 우선적으로 발전시키는 전략적 위치에 두고 투자를 계속 확대해 전 인민 교육과 평생교육을 발전시키며 학습형 사회를 이룩해 모든 아이들이 교육의 기회를 누리도록 노력할 것입니다. 15억 인민이 더욱 양호하고 더욱 공평한 교육을 받을 수 있게 하여 그들이 자신을 발전시키고 사회에 공헌하며 인민들의 복지를 도모하게 해야 합니다. 중국은 세계 각국과 교육 관련 교류를 강화하고 교육의 대외 개방을 확대하며, 개발도상국의 교육사업 발전을 적극적으로 지원하고, 각국 인민과 함께 노력해 더욱 아름다운 내일을 열어나갈 것입니다."[131]

---

130) ibid., 238.
131) ibid.

함께하는 리더십

중국은 개발도상국이 믿을 수 있는 국가이다

시진핑은 '함께 손잡고 중국과 동맹국의 운명 공동체를 건설하자'라는 주제로 열린 인도네시아 국회 연설에서 중국이 진실하고, 실질적이고, 친근하고, 성실한 정책을 만듦으로써 개발도상국이 영원히 믿을 수 있는 국가가 되어야 한다고 말했다. 또한 중국과 라틴아메리카의 협력관계를 더 높은 수준으로 발전시키고, 동남아, 중동부 유럽, 중앙아시아 등 개발도상국이 밀집된 지역에서 협력의 이념을 변함없이 실천해야 한다고 강조했다. "계리당계천하리(計利當計天下利)"라는 글을 인용해 그는 중국이 주장하고 실천하는 정의관과 이익관에는 중국식 전통문화와 사회주의의 본질적 속성이 반영되어 있다고 설명

했다.[132]

중국은 다양한 발전 모델을 추구한다

시진핑은 성부급 주요관료학습관철 제18회 제3차 전체회의 연설에서 당내 인사들과 국외 인사들에게 메시지를 보낼 때 이 말을 여러 차례 인용했다. 정치제도에 대해 말하든 인류 문명에 대해 말하든 중국이 추구하는 발전 모델에 대해 말하든 유가사상에 대해 말하든 간에 이 인용구를 통해 시진핑이 표현하고자 한 것은 '다양성'이었다.[133]

정치제도만 놓고 보더라도 각국은 천편일률적이지 않고 고유한 인민 정서와 제도, 역사를 가지고 있다. 따라서 시진핑은 "신발이 발에 맞는지는 직접 신어봐야 안다"고 말하며 모든 국가가 자국의 상황에 맞는 발전 모델을 선택해야 함을 다시 한 번 강조했다. 인류 문명의 측면에서 볼 때도 마찬가지다. 프랑스의 루브르 궁전과 중국의 자금성, 이집트의 피라미드와 중국의 대안탑 중에 어느 것이 더 훌륭하다고 말할 수 있겠는가? 시진핑은 "모든 국가와 민족은 저마다 오랜 역사를 자랑하는 사상과 문화를 가졌다. 겉으로 보이는 모습은 모두 다르지만 더 특별하거나 뒤떨어지는 사상과 문화는 없다"며.[134] "다양한 문화는 세상을 더 흥미롭게 하고, 각국의 독특한 제도는 사람들에

132) 김락준, 80.
133) ibid., 83.
134) ibid., 84.

게 선택의 폭을 넓혀준다. 정치 · 문화 · 제도 · 역사에 존재하는 서로의 차이를 이해하면 진실로 다른 사람을 존중하고 자신의 개성을 유지할 수 있다"고 말했다.

타국과의 관계는 화이부동을 기본으로 한다

유엔 교육과학문화기구 연설에서 시진핑은 관계의 문제를 처리할 때 기본적으로 '화이부동(和而不同)'의 태도를 취해야 한다고 말했다. 남과 화목하게 지내야 하지만 자기의 중심과 원칙은 잃지 않아야 한다고 전한 것이다. 이는《논어》의 자로 편에 나오는데, 이 말의 핵심 역시 관계의 문제에서 어떤 태도를 취하는 것이 좋으냐다.135)

지금 전 세계에는 200여 개국, 2,500여 민족과 다양한 종교가 있다. 그런데 이들의 생활방식, 언어, 음악, 옷이 한 가지 스타일로만 존재한다면 얼마나 단조롭겠는가. 시진핑은 이에 대해 프랑스의 문호 빅토르 위고의 말도 인용했다.

"세상에서 가장 넓고 광활한 것은 바다이고, 바다보다 더 넓고 광활한 것은 하늘이고, 하늘보다 더 넓고 광활한 것은 인간의 마음이다."136)

시진핑은 이 말을 빌려, 자국의 문명과 다른 문명을 대할 때는 하늘

135) ibid., 85.
136) ibid., 86.

보다 더 넓고 광활한 마음을 가져야 한다고 말했다. 서로 다른 문명에서 지혜와 자양분을 흡수해 전 인류에게 정신적인 버팀목 역할을 하며, 영혼을 위로해주고, 전 인류가 공동으로 직면한 문제를 다 함께 해결해야 한다는 의미이다. 이것이 바로 '화이부동'이라는 것이다.

차이나 드림은 다른 나라들의 목표와도 일치한다

시진핑은 중국과 프랑스 수교 50주년 기념대회 연설에서 "세계는 매우 다양하고, 각각의 문화와 제도는 고유한 규율에 따라서 발전하고 변화한다. 고대 중국에서는 이 규율을 '도(道)'라고 불렀다"라는 말을 통해 차이나 드림의 '중국적인 특징'과 '다양성'을 설명했다. 또 공자 탄생 2,565주년 기념 국제 학술 연구 토론회에서는 각국이 서로의 문화를 교류하고 배울 기회를 확대하는 것이 전 세계가 더 아름다워지고 세계인의 생활이 더 활기차게 되는 길이라고 강조했다.[137)]

그는 또한 "세계적인 시각에서 생각할 때 차이나 드림은 중국의 목표이고, 이 목표는 다른 국가들의 목표와도 일치한다"고 주장했다. 시진핑은 중국에는 중국의 꿈이 있고 프랑스에는 프랑스의 꿈이 있다고 언급하면서, 중국의 꿈은 프랑스에 기회이고 프랑스의 꿈은 중국에 기회라고 이야기했다. 프랑수아 올랑드 프랑스 대통령도 양국 국민은 각기 자국의 꿈을 실현하는 동시에 양국이 같이 꾸는 꿈도 열심

137) ibid., 90.

히 실현해야 한다고 화답했다. 그리고 "중국과 프랑스뿐 아니라 그 외 모든 국가와 민족도 저마다의 꿈을 실현하기 위해 열심히 노력해야 한다. 개인이건 국가건 긍정적이고 적극적인 꿈이 있으면, 그 꿈을 이루는 길에서 서로 이해하고 도우며 함께 노력할 수 있다."고 강조했다.[138)]

국력이 강할수록 겸손해야 한다

시진핑은 독일 뒤셀도르프 정 · 재계 인사들과 함께한 자리에서 국력이 강하다고 제멋대로 하다가는 국제적으로 고립될 수 있다고 말했다. 어떤 사람들은 공자의 말이 곧 중국의 전통적인 '도덕의 황금률'이라고 말한다. 서양에서 공인된 도덕의 황금률인 "네가 대접받고 싶은 대로 대접하라"에 비해 공자의 "내가 하기 싫은 것을 남에게 억지로 시키지 말라"는 자기중심적이지 않다. 이는 자기 책임과 도덕적 구속력이 더욱 강하다고 할 수 있다.[139)]

시진핑은 국력이 강하면 '제멋대로' 굴어도 된다고 생각하는 낡은 논리를 결코 따라서는 안 된다며 "식민주의와 패권주의라는 낡은 방법이 통하던 시대는 이미 지났고, 지금 그렇게 했다가는 국제적 고립을 초래할 뿐이다. 사람이 살아가는 데 공기가 필요하고 만물이 성장

---

138) ibid., 91.
139) ibid., 93.

하는 데 햇빛이 필수인 것처럼, 전 세계가 지속적으로 공존하고 발전하려면 평화가 유지되어야 한다"고 강조했다. 그리고 시진핑은 "중국은 이런 사고를 바탕으로 몇십 년 동안 독립적이고 자주적인 평화외교정책을 유지하기 위해 노력했다"고 말하며, "국제관계에서 세계 각국이 도덕의 황금률을 지키고 평화롭게 발전한다면, 모두가 원하는 미래를 맞이할 수 있을 것이다"라고 덧붙였다.[140]

주변 국가와 운명 공동체로서 함께 발전하라

시진핑이 태평양 국가 정상들과 가진 회담에서 한 이 말은 현대인에게 이익과 혜택을 서로 나누며 상생하고, 제로섬 사고에서 벗어나야 한다는 가르침을 준다.[141] 시진핑은 다음의 4자를 언급하며 중국의 '운명 공동체'라는 외교 이념을 천명했다. 첫째, 친(親)이다. 이웃 국가와 화목하게 잘 지내고, 위험이 닥쳤을 때 서로 돕는다. 둘째, 성(誠)이다. 주변 국가를 진실하게 대해 더 많은 친구와 협력자를 사귄다. 셋째, 혜(惠)다. 상생의 원칙에 따라서 주변 국가와 협력하고, 중국의 발전 성과가 주변 국가에 더 많은 혜택으로 돌아가게 함으로써 상호 이익과 도움을 받는다. 넷째, 용(容)이다. 아시아, 태평양 지역 국가와 함께 더 개방적이고 적극적인 태도로 협력하며 다 함께 발전하고

140) ibid., 94.
141) ibid., 97.

번영한다는 포용의 사상이다.142) 시진핑은 이에 대해 다음과 같이 말했다.

“중국이 국제관계에서 기본적으로 추구하는 것은 공동 발전이다. 따라서 중국이 발전하려면 다른 국가도 발전해야 하고, 중국이 안전하려면 다른 국가도 안전해야 하며, 중국이 좋은 시대를 맞이하려면 다른 국가도 좋은 시대를 맞이해야 한다. 이는 중국이 추구하는 이익관에 부합하는 동시에 상생을 보여준다. 이렇게 하기 위해 중국은 국가의 이익과 발전의 여지를 확보하는 동시에 각국과의 공동 이익점을 열심히 찾고, 세계와 함께 발전할 수 있는 장기 계획을 세워야 한다. 그러할 때 공동의 이익도 더 커진다.”143)

중국은 이웃 나라의 군자 같은 친구다

시진핑은 ‘중국과 호주의 관계를 발전시키는 꿈을 이루기 위해 서로 협력하고, 지역의 번영과 안정을 이루자’라는 주제로 열린 호주 연방회의 연설에서 중국의 국제 교류 원칙은 군자 같은 친구가 되는 것이라고 말했다. 시진핑은 송나라의 정치가 겸 문인인 구양수의 《붕당론》에 나오는 말을 인용해 국제 교류에 대한 중국의 원칙과 입장을 설명했다. 서로 ‘군자 같은 친구’가 되어 도덕적 의리를 지키고 한마음

142) ibid.
143) ibid.

으로 협력해 어려움을 헤쳐나갈 때, 우정이 대대손손 오래도록 지속된다고 표현하며 다음과 같이 말을 이어갔다.[144]

"국가 간 교류든 개인 간 교류든 마찬가지다. 단순히 이익 때문에 손을 잡을 경우 이익이 커지면 다툼이 잦아지고, 이익이 없어지면 관계가 끝난다. 부당한 이익을 얻고자 패거리를 만들고 결탁하면 겉으로는 서로 친하고 사이좋은 것처럼 보이지만, 각자 꿍꿍이가 있기에 서로 속고 속이는 암투가 벌어지기 마련이다. 이것은 선현들이 지적한 '소인배 같은 친구'이다.[145] 군자들의 교제처럼 모두가 한마음 한뜻이 되어 공동의 이상을 추구하고, 위대한 사업을 이루기 위해 다 함께 노력하며 어려움을 극복해야 한다. 그래야 큰 힘이 발휘돼 견고하고 강인한 조직이 만들어진다."[146]

같은 부분부터 조율한다

시진핑은 벨기에 방문 때 '우의와 협력은 중국과 유럽에 더 나은 삶을 선사한다'라는 주제로 신문사에 발표한 글에서, 관점이 다른 국가와는 의견이 같은 부분부터 조율한다고 했다.[147] 시진핑은 관점과 의견이 서로 다른 국가와 관계를 맺을 때 '구동존이(求同存異)', 즉 이견은

144) ibid., 99.
145) ibid.
146) ibid., 100.
147) ibid., 102.

미루어두고 의견을 같이하는 부분부터 협력하는 자세로 임하라고 강조했다. 이는 저우언라이 전 총리가 1955년에 인도네시아 반둥에서 열린 제1차 아시아 · 아프리카 회의에서 각국에 보편적으로 제시한 외교 원칙이기도 하다. 시진핑은 벨기에를 방문했을 때 중국과 유럽이 우호적인 협력, 평등한 대화와 교류를 추진하자는 의미에서 이 말을 다음과 같이 인용하기도 했다.[148]

"이 말은 다른 모든 국가와 지역에도 마찬가지로 적용됩니다. 세계 각국은 국내 상황과 발전 단계가 모두 달라 의견 일치를 보기가 매우 어렵습니다. 서로의 차이점이 먼저 눈에 들어오기 마련이고, 서로의 차이점을 실제보다 크게 확대 해석하며 대립하기 쉽습니다. 하지만 이렇게 대립해서는 공통된 인식으로 서로 간에 최대공약수를 찾기가 어렵습니다. 급기야 의미 없는 오해를 되풀이하다 충동을 빚기도 합니다."[149]

세계 각국은 저마다 개성이 뚜렷해 많은 차이점이 존재하지만 각국이 조화를 추구하고자 하는 의지도 있기 때문에 얼마든지 공통점을 찾아낼 수 있다. 그러기 위해서는 시진핑이 말했듯이 서로 존중하고, 평등하게 대우하고, 의견이 같은 부분부터 조율하고, 협력과 상생의 태도로 대화와 소통을 강화해야 한다. 그렇게 하여 최대공약수를 찾으면 다 함께 발전의 기회를 얻을 수 있고, 미지의 세계에 더 힘차게 도전할 수 있다.

---

148) ibid.
149) ibid. 103.

환경의 리더십

중국의 환경문제를 해결하자

중국공산당은 중국인민을 이끌고 중국의 꿈을 실현하는 영도의 핵심이다. 당의 최고 지도자가 되기 전에 시진핑은 오랫동안 지방의 당정 책임자로 일했고, 당 중앙에 온 후에도 중앙서기처의 일상 업무를 주재하고 당무를 주관했으므로 당 건설의 중요성을 잘 알고 있다. 그는 당내 법규건설의 강화를 중요시하고 목표와 방향이 뚜렷한 많은 당내 법규 문건 제정을 지도했다.150)

시진핑은 당을 제대로, 엄격하게 관리할 것을 반복적으로 강조했다. 11월 17일 제18기 중공 중앙정치국 제1차 집단학습에서 그는 "물

150) 시진핑, 258.

건이 썩으면 벌레가 생기게 마련입니다", "부패문제가 불거질수록 당과 국가는 필연코 패망의 길로 치닫게 된다는 것을 많은 사실들이 우리에게 알려주고 있습니다. 우리는 정신을 차리고 경계해야 합니다" 라고 의미심장하게 지적했다.[151)]

그는 환경이라는 상징적 어법을 통해 관료주의와 정신세계 등의 문제점을 짚어내 강조했다. 그는 또한 실제로 환경과 생태에도 큰 관심을 가지고 있었다. 환경과 생태는 곧 인민들의 삶과 중국의 꿈이라는 것과 맥락이 연결되어 있다며 다음과 같은 연설로 그 중요성을 피력했다.

"홍보 교육을 강화하고 활동방식을 혁신해 많은 인민대중이 의무식수활동에 적극적으로 참여할 수 있게 인도해야 합니다. 의무식수에 대한 책임감을 높이고 법에 의거하여 산림을 철저히 보호하며, 의무식수의 효과를 높여서 이를 장기적으로 심도 있게 전개해야 합니다. 소강사회를 전면적으로 달성하고 중화민족의 위대한 부흥이라는 중국의 꿈을 실현하기 위해 더욱 양호한 생태 여건을 끊임없이 마련해야 합니다.[152)]

전 인민의 의무식수활동이 전개된 지난 30년 동안 우리나라의 삼림자원은 빠르게 회복되었으며, 전 인민의 삼림 애호, 조성, 보호 의식을 강화하였습니다. 그러나 우리나라는 전반적으로 여전히 녹지가 부족하고 생태가 취약한 나라이며, 따라서 식수조림과 생태 개선은 우리

---

151) ibid., 259.
152) ibid.

가 장기적으로 수행해야 하는 막중한 과업임을 명심해야 합니다.[153]

삼림은 육지 생태 시스템의 주체이며 중요한 자원으로, 인류가 생존하고 발전하는 데 중요한 생태 환경을 제공해 줍니다. 삼림이 없는 지구와 인류는 어떤 모습일지 감히 상상도 할 수 없습니다. 사회 전체는 18차 당대회에서 제시한 아름다운 중국 건설 요구에 따라 생태 의식과 생태환경 보호 의식을 철저히 강화해 생태환경이 양호한 나라를 건설해야 합니다."

후손에게 깨끗한 환경을 물려주자[154]

아울러 시진핑은 생태문명에 관한 구이양 국제포럼 2013년 연차총회의 개막식에서 생태와 환경을 보호해 이를 후대에 물려주어야 한다는 당위성을 다음과 같이 피력했다.

"이번에 열리는 생태문명 구이양 국제포럼 연차총회는 '생태문명 건설: 녹색 변형과 모델 전환 · 녹색 산업, 녹색 도시, 녹색 소비를 통한 지속 가능한 발전 견인'을 주제로 생태문명 건설에 대한 국제 사회의 공통된 관심이 집약된 자리입니다. 귀빈 여러분의 공동 노력을 통해 회의의 성과가 전 세계의 생태환경 보호에 긍정적인 기여를 하리라 믿습니다.

---

153) ibid., 260.
154) 시진핑, 구이양 국제포럼 2013년 연차총회 연설문.

생태문명의 새로운 시대로 나아가고 아름다운 중국을 건설하는 것은 중화민족의 위대한 부흥을 실현하는 중국의 꿈의 주요 내용입니다. 중국은 자연을 존중하고 자연에 순응하며 자연을 보호한다는 이념에 따라 자원 절약과 환경보호 관련 국가의 정책을 관철해 녹색 발전, 순환 발전, 저탄소 성장을 더욱 자발적으로 추진하고 생태문명 건설을 경제 · 정치 · 문화 · 사회 건설의 각 분야와 전 과정에 녹아들게 하여 자원을 절약하고 환경을 보호하는 공간 배치와 산업구조, 생산방식, 생활양식을 형성함으로써 자손 후대에 맑은 하늘과 푸른 숲, 깨끗한 물로 이루어진 생산환경과 생활환경을 물려줄 것입니다.

생태환경 보호, 기후 변화 대응, 에너지 자원 안보는 전 세계가 공동으로 직면한 도전입니다. 중국은 주어진 국제적 의무를 계속 이행할 것이며 세계 각국과 함께 생태문명 분야의 교류와 협력을 심도 있게 전개해 그 성과를 공유하고 나아가 양호한 생태환경을 갖춘 아름다운 삶의 터전을 함께 가꾸어나갈 것입니다."

도덕적 리더십

사소한 부패도 철저히 책임을 물으라

시진핑은 당의 군중노선교육실천활동 작업회의 연설에서 사소한 부패도 놓치지 말고 철저히 책임을 물으라고 했다. 특히 자본주의와 사회주의의 결합을 실험하고 있는 중국에서 부패의 문제는 사회 시스템을 좀먹고 중국의 꿈을 갉아먹는 기폭제였다. 사실 일하는 태도에 관해 크고 작은 문제는 따로 있는 것이 아니다. 작은 문제를 방치하면 곧 큰 문제로 자라난다. 이 때문에 시진핑은 일하는 태도에 대해 분명한 생각을 가지고 있다. 그는 "작은 구멍을 메우지 않으면 큰 구멍을 메우느라 고생한다", "새의 깃털도 쌓이면 배를 가라앉히고, 가벼운 물건이라도 너무 많으면 수레의 축을 부러뜨린다"라고 수차례

강조하며 이렇게 덧붙였했다.155)

"관료의 태도를 바꾸는 것이든 부패를 척결하는 것이든, 큰 문제와 작은 문제를 모두 잡으려면 일관된 관리 기준이 필요하다. 공금을 사적으로 사용하는 풍조, 이를테면 공금으로 선물을 하거나 술을 먹거나 식사하는 풍조를 시진핑은 강력히 반대했고 이를 없애는 데 철저했다. 이처럼 강력한 행동은 작은 부패도 용납하지 않는다는 의지를 보여준다.156)

지난 5년간 시진핑이 관료의 태도를 바꾸는 문제는 단계적으로 커다란 효과를 거두었다. 그렇다면 어떻게 해서 이처럼 사회적 반향을 불러일으킬 정도로 부정부패가 단기간에 개선되었을까? 사소한 일도 놓치지 않고 철저히 책임을 묻고, 단속을 강화하고, 엄격하게 규율을 집행함으로써 관료들에게 제도를 '전류가 흐르는 고압선'으로 인식하게 만들었기 때문이다. 이와 더불어 규율을 어기면 안 되는 '바른 사상'으로 무장시켰기 때문이다.157)

관료는 혼자 있을 때도 마땅히 규율을 지키고 사소한 일도 신중하게 해야 한다. 뒤에서 얻어먹고 선물을 받는 것을 대수롭지 않게 여겨서는 안 된다. 큰 돈만 아니라면 소액은 얼마든지 받아도 된다는 생각을 버리도록 해야 한다. 부정부패로 통하는 길은 사소한 한 걸음에서 시작된다. 그러니 어떻게 사소한 부정과 소액의 검은돈을 대수롭지 않게 여길 수 있겠는가."158)

---

155) 김락준, 150.
156) ibid.
157) ibid., 151.
158) ibid.

고위 관료가 부정부패 척결에 본을 보여라

시진핑은 18회 중국공산당 중앙규율검사위원회 제2차 전체회의 연설에서 고위 관료가 부정부패 척결에 모범을 보여야 한다며 "쇠를 두드리려면 자신이 단단해야 한다", "다른 사람을 바르게 하려면 먼저 자신을 바르게 해야 한다", "남에게 하라고 하는 일은 본인이 먼저 해야 하고, 남에게 하지 말라고 하는 일은 본인도 하지 않아야 한다"라고 반복해서 말했다.[159] 해결하기 어려운 문제가 발생하더라도 능력 있는 사람이 나서면 어렵지 않게 풀 수 있다. 그런데 고위 관료가 입으로만 말하고 실제로 모범은 보이지 않으며, 다른 사람의 흠만 잡고 자신의 흠을 반성하지 않으면 말단 관료들이 어떻게 태도를 바꾸겠는가.

옛말에 "잘 끌고 가지 않으면 물소가 우물에 빠진다"고 했다. 고위 관료가 정부의 금지령을 말이나 문서나 표어에만 존재하는 것으로 치부한 채 여전히 공금으로 먹고 마시고 관용차를 자가용처럼 쓴다면, 공무를 처리할 때 규정을 어기기 일쑤여서 각종 제도를 유명무실한 '허수아비'로 만들어버린다면, 어떻게 관료사회의 분위기를 바꿔 인민에게 신뢰를 얻겠는가. 고위 관료일수록 엄격한 자기관리로 본보기 역할을 충실히 해서 부하 관료들에게 긍정의 에너지를 전파해야 한다고 그는 주문한 것이다.[160]

---

159) ibid., 154.
160) ibid., 155.

사치와 부패는 나라가 망해간다는 징조이다

시진핑은 당의 군중노선교육실천활동 작업회의 연설에서 "사치와 부패는 나라가 망해간다는 징조이다"라고 했다. 시진핑은 다음과 같은 말로 사치 풍조를 막아야 한다는 주장을 철저하게 고수했다.

"사치 풍조의 성행은 관료의 정신을 갉아먹을뿐더러 관료의 이미지를 훼손하고, 공신력을 떨어뜨리고, 관료사회의 분위기를 더럽힌다. 온종일 사교 모임 다니느라 바쁘고, 향락에 빠져 있고, 호화 장소만 들락거리고, 늘 부어라 마셔라 하며 흥청거린다면 언제 말단 조직의 상황을 파악하고 어떻게 서민들의 삶을 들여다볼 수 있겠는가? 그리고 현안에 대해 생각하고 연구할 시간이나 있겠는가?[161]

사치 풍조의 위해는 단순히 이것으로 그치지 않는다. 늘 부패와 단짝을 이루고 붙어 다니기에 더 큰 문제를 일으킨다. 사치 풍조는 권력으로 사적인 이익을 얻고, 중간에서 사리사욕을 채우고, 공금을 제 돈인 것처럼 온 가족과 함께 펑펑 쓰고 다니는 것에서 시작된다."

시진핑은 한정된 사회 자원을 먹고 마시는 데 쓰고, 사치 풍조가 만연하는 것을 그대로 방치하면 중국공산당은 인민의 정서에서 멀어져 지지를 잃고, 전통을 잃고, 힘을 잃게 된다고 보았다.[162] 그래서 시진핑은 "당원과 관료가 '절약은 영광이요, 낭비는 수치이다'라는 관념을 갖고 소박하게 생활하고, 인력이나 물자를 낭비하는 일이 없게 꼼꼼

---

161) ibid., 157.
162) ibid., 158.

하게 계산하고, 모든 일을 부지런히 처리하게 지도해야 한다"라고 반복해서 강조했다.[163]

혼자 있을 때, 사소한 문제에 신중하라

시진핑은 당의 군중노선교육실천활동 작업회의 연설에서 관료는 혼자 있을 때나 사소한 문제를 다룰 때 더더욱 신중하고 조심해야 한다고 말했다. "병은 작을 때 재빨리 치료해야 하고, 건강할 때 아프지 않게 주의해야 한다"고 시진핑이 말한 것은 근본적인 치료가 얼마나 중요한지 강조하기 위해서이다. 이것이 이른바 "성인은 병이 난 뒤에 치료하는 것이 아니라 병이 나기 전에 예방하고, 난이 일어난 뒤에 평정하는 것이 아니라 난이 일어나지 않게 미리 조치한다"이다.[164]

물론 일이 일어난 뒤에 조치하는 것도 중요하다. 특히 고질병과 중병은 치료의 강도를 더 높여야 한다. 하지만 사전예방에 힘쓰지 않으면 나쁜 습관이 나쁜 태도로 변하고, 나쁜 태도가 이내 부정부패로 이어져 더 큰 '치료' 비용이 든다. 그뿐 아니라 부패가 만연하는 토양을 다시 깨끗하게 하는 것도 쉬운 일이 아니다. 부정부패 문제가 터진 뒤에 단속하면 겉으로 보이는 부분만 개선되고 근본적인 문제는 척결되지 않아 단속할수록 더 부패해지는 악순환에 빠진다.[165]

---

163) ibid.
164) ibid., 166.
165) ibid.

따라서 관료들의 근무태도를 바꾸는 것이든 반부패운동을 벌이는 것이든 시진핑은 '근본적인 치료'를 강조했다. 비가 오기 전에 미리 창문을 수리하고 나쁜 싹이 채 자라기 전에 잘라내는 것처럼, 문제가 발생하거나 발생했더라도 더 커지기 전 시작 단계에서 해결하기 위해 노력하라고 다음과 같이 말한 것이다.[166]

"관료는 기본적으로 입당을 선택하거나 공직을 맡을 때 높은 포부와 강한 열정을 가져야 한다. 부패를 저지를 기회가 갑자기 찾아왔을 때는 대부분 옳고 그름을 구분해 유혹에 빠지지 않는다. 하지만 일상생활에서 겪는 사소한 문제는 이상과 신념의 예리함을 무디게 한다. 그러면 마치 미지근한 물에서 서서히 삶아지는 개구리처럼, 옳고 그름의 분별력을 잃게 된다. 따라서 관료는 혼자 있을 때나 사소한 문제를 다룰 때에도 더더욱 신중하고 조심해야 한다고 강조한 것이다."[167]

자아비판은 가능한 한 신랄하게 하라

시진핑은 중국공산당 중앙반공청 각 단위 그룹 구성원과 관료, 노동자 대표 좌담회 연설에서 자아비판은 가능한 한 신랄하게 하라고 말했다.[168] 또한 군중노선교육실천활동에서도 상호 비판과 자아비

166) ibid., 166.
167) ibid.
168) ibid., 169.

판이라는 부기를 잘 쓰려면 비판이 신랄해야 한다고 강조했다. 상호 비판은 일정한 장소에서 만나야 할 수 있지만, 자신의 행동을 돌아보고 반성하는 자아비판은 혼자서도 얼마든지 할 수 있는 빠르고 효과적인 사상적 무기이다.169)

중국 속담에 "파리는 깨지지 않은 달걀에 앉지 않는다"라는 말이 있다. "법에 빈틈이 없어도 도둑이 넘쳐난다."는 《노자》의 말처럼 제도가 완벽하고 외부의 감독이 엄격해도 구성원이 규칙을 지킬 생각을 하지 않으면 아무 소용이 없다. 새로운 분위기와 조직의 새로운 규칙은 관료 개개인이 심리적으로 인정하는 궤도 위에서 운영되어야 오래간다. 그렇지 않으면 반부패 바람과 개혁의 바람이 훑고 지나간 자리에 케케묵은 규칙과 낡은 습관이 다시 찾아온다.

따라서 시진핑은 관료는 혼자 있을 때나 사소한 일을 할 때나 일의 향방을 예상할 때나 일을 마무리할 때 늘 신중하고, 스스로 행동을 단속하고, 자신에게 엄격해야 한다며, 사상의 울타리가 튼튼하게 쳐져야만 당의 정체성과 의지와 자제력이 강해진다고 강조했던 것이다.170)

---

169) ibid.
170) ibid., 170.

비전의 리더십

중국의 꿈은 위대한 중화민족의 부흥이다

시진핑은 많은 연설에서 중국의 꿈과 중화민족의 꿈에 대해 언급했다. 그렇다면 그가 말한 중국의 꿈, 중화민족의 꿈은 무엇일까? 다음은 '부흥의 길'을 주제로 한 전시회에서 진행된 시진핑의 연설이다. 이 연설에서 그 해답을 어느 정도 얻을 수 있다.

"이 전시회는 중화민족의 과거를 회고하고 오늘을 보여주며 내일을 조망함으로써 사람들에게 깊은 교육 효과와 감흥을 불러일으키고 있습니다. 중화민족의 과거는 그야말로 '험요한 요새, 철벽같은 시기'였다고 할 수 있습니다. 근대에는 세계 역사에서도 보기 드문 험한 고난을 겪었고 막대한 희생을 치렀습니다. 그러나 중국인민은 이에 굴하지 않고 끊임없이 떨치고 일어나 항쟁함으로써 마침내 자신의 운명을 개척하고 자기 국가를 건설하는 위대한 노정을 시작하였으며, 이를 통해 애국심을 핵심으로 하는 위대한 민족정신을 충분히 보여주었습니다.[171]

중화민족의 오늘을 보면 '상전벽해는 세상의 정도'라고 말할 수 있습니다. 개혁개방 이래 우리는 역사적 경험을 총합하고 끊임없이 모색해 마침내 중화민족의 위대한 부흥을 실현하기 위한 정확한 길을 찾아내고 세상이 주목할 만한 성과를 이룩했습니다. 이 길이 바로 중국식 사회주의입니다. 중화민족의 내일은 '거센 바람과 물결을 헤칠 날이 있을 것'이라고 할 수 있습니다. 아편전쟁 이후 170여 년간 지속적으로 분투해온 중화민족에게는 위대한 부흥이라는 밝은 전망이 펼쳐지게 될 것입니다. 이제 우리는 중화민족의 위대한 부흥이라는 목표에 역사상 어느 시기보다 가까이 다가와 있으며, 그 어느 때보다 이 목표를 실현할 수 있는 자신감과 능력을 갖추고 있습니다.[172]

지난날을 돌이켜보면서 전당 동지들은 뒤처지면 당하고 발전해야 스스로 강해진다는 사실을 명심해야 합니다. 현재를 살펴보면서 전당 동지들은 노선이 운명을 결정하며 다른 정확한 길을 찾기란 그야말로 쉽지 않으므로 우리는 확고히 이 길로 나아가야 한다는 사실을 명심해야 합니다. 미래를 전망하면서 전당 동지들은 청사진을 현실로 만들기까지는 앞으로 많은 길을 가야 하며, 오랫동안 각고의 노력

---

171) 시진핑, 293.
172) ibid., 294.

을 기울여야 한다는 사실을 명심해야 합니다.[173)]

누구에게나 이상과 추구하는 바가 있고 각자의 꿈이 있습니다. 요즘 '중국의 꿈'이 화두가 되고 있습니다. 저는 중화민족의 위대한 부흥을 실현하는 것이 근대 이후 중화민족의 가장 위대한 꿈이라고 생각합니다. 여러 세대에 걸친 중국인의 숙원이 담겨 있고 중화민족과 중국인민의 전반적 이익이 구현되어 있는 이 꿈은 모든 중국의 아들딸들이 공동으로 지닌 소망입니다.

역사를 통해 우리는 개인의 전도 및 운명은 국가와 민족의 전도 및 운명과 밀접하게 연관되어 있다는 사실을 알 수 있습니다. 국가와 민족이 잘되어야 개인도 잘될 수 있습니다. 중화민족의 위대한 부흥을 실현하는 것은 영광스럽고도 어려운 임무인 만큼 대를 이어 노력해야 합니다. 공담은 나라를 망치고 실행만이 나라를 흥하게 합니다. 우리 공산당원들은 반드시 선인들의 위업을 이어받아 앞날을 개척하고 당을 성공적으로 건설해야 하며, 중화의 아들딸들의 단합을 이끌어 국가와 민족의 더욱 큰 발전을 도모하면서 중화민족의 위대한 부흥이라는 목표를 향해 계속 힘차게 나아가야 합니다.[174)]

저는 중국공산당 창립 백 주년이 되는 때에 소강사회의 전면적 달성이라는 목표가 틀림없이 실현될 것이고, 신중국 창건 백 주년을 맞이하는 때에 부강하고 민주적이며 문명적이고 조화로운 사회주의 현대화 국가 건설이라는 목표가 달성되며, 중화민족의 위대한 부흥이

173) ibid.
174) ibid., 295.

라는 꿈도 반드시 실현될 것이라고 확신합니다."[175)]

성실하게 일해야만 꿈을 이룰 수 있다

그렇다면 중국의 꿈을 이룰 수 있는 구체적인 방법은 무엇일까? 계속해서 다음에 이어질 그의 연설에서 그 해답을 찾아보자.

"우리는 중국공산당 창립 백 주년이 되는 때에 소강사회를 전면 달성하고, 신중국 창건 백 주년이 되는 때에 부강하고 민주적이며 문명적이고 조화로운 사회주의 현대화 국가를 건설하며, 중화민족의 위대한 부흥이라는 중국의 꿈을 실현하는 것을 앞으로 달성해야 할 분투 목표로 내세웠습니다.[176)]

우리 앞에 놓인 길이 결코 순탄하지 않고 개혁과 발전, 안정이라는 임무도 여전히 어렵고 막중하지만 우리는 미래에 대해 필승의 자신감에 차 있습니다. 우리 노동계급은 반드시 중국의 길을 견지하고 중화정신을 드높여 중국의 힘을 모으는 데 앞장서서 모범적인 역할을 해야 하며, 한마음으로 일치단결하여 중화민족의 위대한 부흥이라는 중국의 꿈을 실현하기 위해 꾸준히 분투해야 합니다.[177)]

인민은 역사를 창조하고 노동은 미래를 열어줍니다. 노동은 인류사회의 진보를 추진하는 근본적인 역량입니다. 행복은 하늘에서 저절로

---

175) ibid.
176) ibid., 64.
177) ibid.

떨어지는 것이 아니며, 꿈 또한 저절로 이루어지는 것이 아닙니다. 우리의 목표를 실현하고 아름다운 미래를 창조하려면 반드시 인민에 의존하고 언제나 인민을 위하며, 근면하고 성실한 노동, 창조적인 노동에 의지해야 합니다. '공담은 나라를 망치고 실행만이 나라를 흥하게 한다'고 했듯이 실제 행동에 옮기려면 착실하게 일해야 합니다.[178]

미래로 나아가는 노정에서 우리는 반드시 중국의 노동계급이 중요한 역할을 충분히 발휘하고 역사적인 진취성을 불러일으켜 노동과 창조성을 적극 동원하게 해야 합니다.

첫째, 노동계급의 주력군 역할을 충분히 발휘하게 해야 합니다. 노동계급은 우리나라의 영도 계급이고 선진 생산력과 생산관계를 대표하며, 우리 당의 가장 견실하고 믿음직한 계급적 기반이며, 소강사회를 전면적으로 달성하고 중국식 사회주의를 견지하고 발전시키는 데 앞장서는 주력군입니다.[179]

개혁개방 이후 중국의 노동계급은 끊임없이 규모가 커졌으며, 자질도 전체적으로 향상되었고, 그 구조가 더욱 개선되었으며, 그 면모가 새로워지고, 선진성은 지속적으로 강화되었습니다. 미래 지향적인 차원에서 중국식 사회주의를 견지하고 발전시키려면 일심전력으로 노동계급에 의존하고 그들의 영도 계급 지위를 공고히 하며 주력군 역할을 충분히 발휘하게 해야 합니다. 일심전력으로 노동계급에 의존하는 것은 슬로건이나 구호에 그칠 것이 아니라 당과 국가가 정

---

178) ibid., 65.
179) ibid.

책을 제정하고 업무를 추진하는 전 과정에 관철해야 하며 기업의 생산과 경영의 각 방면에 구현해야 합니다.[180]

둘째, 노동계급에 긴밀히 의존해 중국식 사회주의를 발전시켜야 합니다. 중국식 사회주의는 현시대 중국이 발전하고 진보해나가는 근본적인 방향이며, 중국의 꿈을 실현하기 위해 반드시 걸어야 하는 길입니다. 또한 중국 노동계급이 더욱 밝은 미래로 나아가기 위해 반드시 걸어야 하는 길이기도 합니다. 중국 노동계급은 역사적 사명감과 책임감을 강화하고 맡은 바 업무를 훌륭히 해내며, 전반적인 국면을 돌보면서 스스로 자신의 이상과 가정의 행복을 나라의 부강과 민족 부흥이라는 위업에 융합하며, 개인의 꿈과 중국의 꿈을 밀접하게 연결하고 시종일관 나라의 주인 된 자세로 중국식 사회주의를 견지하고 발전시키는 데 기여해야 합니다.[181]

우리나라의 노동계급은 중국식 사회주의의 이상과 신념을 굳게 지니고 영원히 당을 따르는 신념을 확고히 가져야 합니다. 사회주의 제도와 개혁개방을 굳건히 옹호하면서 중국의 길을 견지하는 주춧돌 역할을 해야 합니다. 또한 사회주의 핵심 가치관을 자발적으로 실천하고 노동계급의 위대한 품성을 키우며 선진적인 사상과 모범적인 행동으로 사회 전반에 영향을 주고 사회를 이끌어야 합니다. 이로써 중화정신에 새로운 에너지를 부여하고 항상 중화정신을 널리 떨치는 데 모범이 되어야 합니다. 중화의 진흥을 자기의 소임으

180) ibid.
181) ibid., 66.

로 삼고 위대한 창조력을 충분히 발휘하며, 대세를 알고 전반 국면을 돌보는 노동계급의 빛나는 전통을 드높이고, 안정되고 단합된 정치 국면을 자발적으로 수호하여 언제나 중국의 힘을 결집하는 핵심이 되어야 합니다.

셋째, 반드시 노동을 숭상하고 근로자들의 복지를 도모해야 합니다. 노동은 부의 원천이며 행복의 원천이기도 합니다. 이 세상의 모든 아름다운 꿈은 성실한 노동을 통해서만 실현될 수 있고, 발전 과정에서 맞닥뜨리는 각종 난제도 성실한 노동을 통해서만 해결할 수 있으며, 인생에서 빛나는 모든 성과도 성실한 노동을 통해서만 이룩할 수 있습니다. 중화민족은 노동을 통해 창조되었으며 중화민족의 빛나는 역사도 노동을 통해 이루어졌습니다. 중화민족의 밝은 미래 역시 노동을 통해 창조될 것입니다. '한결같이 부지런하면 세상에 어려울 것이 없다'고 했습니다. 노동이 가장 영광스럽고 가장 숭고하며 가장 위대하고 가장 아름답다는 관념을 확고히 수립해야 하며, 전체 인민들이 노동 열정과 창조적 잠재력을 발휘해 노동을 통해 더욱 행복한 삶을 영위해나갈 수 있게 해야 합니다.[182)]

전 사회적으로 노동과 지식, 인재, 창조를 존중하는 중대한 방침을 관철해 근로자들의 이익을 보호하고 향상하며 그들의 권리를 보장해야 합니다. 사회의 공평 정의를 지키고 근로자가 발전에 참여하고 성과를 향유하는 것을 가로막는 걸림돌을 제거해 노동자들이 일다운 일에 종사하고 전면적으로 발전할 수 있게 해야 합니다. 전 사회적으로

182) ibid.

노동을 소중히 여기고 근면한 노동을 영광스럽게 여기며 놀기를 좋아하고 일하기 싫어하는 행위를 수치스럽게 생각하게 해야 합니다.183)

넷째, '노동모범'의 정신을 널리 고취하고 그들이 역할을 제대로 발휘하게 해야 합니다. 좋은 본보기의 힘은 무한한 것입니다. '노동모범'은 민족의 뛰어난 인물이며 인민의 귀감입니다. 광범위한 '노동모범'은 장기간에 걸친 평범한 노동으로 비범한 업적을 창조했으며, '열성을 다해 일하고 일류의 성과를 창조해 각고의 분투를 하고 과감하게 혁신하며 명리를 탐내지 않고 기꺼이 헌신하는' 노동모범정신을 개척함으로써 민족정신과 시대정신을 고양했습니다. 이는 우리에게 극히 소중한 정신적 자산입니다.

우리의 발전 목표를 실현하기 위해서는 물질뿐 아니라 정신적으로도 강해져야 합니다. 전국 여러 민족 인민은 '노동모범'을 따라 배우고 그들을 귀감으로 삼아 분초를 다투는 분투정신을 발휘하면서 중화민족의 위대한 부흥을 실현하는 웅대한 사업에 참여해야 합니다. 다른 한편 '노동모범'과 '선진인물'은 주어진 영예를 소중히 여기고 더욱 분발해 맡은 바 일에 열성을 다하고 사심 없이 기여하면서 이상과 신념을 지키는 모범, 부지런히 일하는 모범, 단결을 증진하는 모범이 되어야 합니다. 현시대의 노동자들은 역량뿐 아니라 지혜와 기술로 무장해 발명과 공회(노조)는 '노동모범'을 각별히 중시하고 아끼고 배려하며, 그들이 근로현장에서 중요한 핵심 멤버로 리드 역할을 할 수 있게 밀어주어야 합니다. 또 '노동모범'들이 생산현장과 생활에서 부딪히

183) ibid.

는 문제를 해결해주고 그들의 업적을 널리 알려서 그들의 정신이 더욱 빛을 발할 수 있게 해야 합니다.[184)]

당은 공회에 큰 기대를 걸고 있으며 근로대중도 공회에 큰 기대를 걸고 있습니다. 중국 공회는 공산당이 영도하는 노동계급의 대중적 조직으로서 당과 노동계급을 연결하는 교량이자 끈이며 사회주의 국가 정권을 뒷받침하는 중요한 사회적 기둥입니다. 중국식 사회주의 공회의 발전 노선은 중국식 사회주의 노선의 중요한 구성 요소로서 중국 공회의 성격과 특징을 잘 보여주고 있습니다. 이는 공회의 조직과 업무가 언제나 정확한 방향을 향해 전진할 수 있게 보장하는 것입니다. 우리는 계속 이 노선을 견지하고 발전시키며 넓혀가야 합니다.[185)]

시대가 발전하고 사업이 혁신됨에 따라 공회 업무도 발전하고 혁신되어야 합니다. 시대의 요구와 사회의 변화에 맞는 과학적이고 능률적인 업무방식을 창출해 근로대중이 공회를 '근로자의 집'으로, 공회 간부를 가장 신뢰할 수 있는 '친정 식구'로 느끼게 해야 합니다. 공회는 근로대중을 위해 성실히 봉사하는 것을 모든 일의 출발점이자 귀착점으로 삼고 근로대중을 위해 정성을 다하며, 그들의 목소리에 귀를 기울이고, 농민공을 포함한 광범위한 근로대중의 합법적 권익을 보장해주며, 근로대중에게 이로운 일을 착실히 수행하고 실제 행동에 나서서 어려운 문제를 해결해줌으로써 사회주의의 조화로운 근로관계를 구축하는 것을 계속 추진해야 합니다. 광범위한 근로대중의

184) ibid., 67.
185) ibid.

다양한 수요에 각별한 관심을 가지고 그들이 성장해 인재가 될 수 있는 공간을 계속 확대하여 지식, 기술, 혁신 면에서 높은 자질을 갖춘 근로대중을 양성하는 데 힘을 기울여야 합니다. 각급 당 위원회와 정부는 공회에 대한 영도를 강화하고 개선해 그들의 업무를 지원하며, 그들의 업무에 더 많은 자원과 수단을 제공해 공회가 직책을 수행할 수 있는 더욱 양호한 여건을 마련해주어야 합니다.[186)]

천 리 길도 한걸음부터입니다. 우리나라의 발전 전망은 대단히 밝습니다. 그러나 모든 일이 순풍에 돛 단 듯 순조롭지만은 않을 것이고, 청사진도 단번에 실현될 리 없으며, 꿈이 하룻밤 새에 이루어지지도 않을 것입니다. 세상의 모든 일에는 많은 어려움이 따르게 마련입니다. 밝은 미래일수록 힘겨운 노력을 기울여야 합니다.[187)]

실질적인 일을 착실하게 해나가야 난관에서 마주치는 어려운 문제를 풀 수 있으며 실제 행동에 옮겨야만 꿈을 이룰 수 있습니다. 우리는 전 사회적으로 실제적인 일을 하고 열심히 일하는 양호한 기풍을 크게 떨쳐야 합니다. 각급 지도간부들은 솔선하여 '노동모범' 정신을 드높이고, 효과적인 정책을 세워 이를 실천해야 합니다. 각급 지도간부들은 헛된 명성과 공로를 추구하지 말고 간부와 군중에게 강한 반발을 사고 있는 형식주의, 관료주의, 향락주의와 사치 풍조 등 '4풍'을 단호히 퇴치하며 솔선해서 대중을 인솔해 제반 사업을 착실하게 수행해나가야 합니다.[188)]

186) ibid.
187) ibid.
188) ibid., 68.

당 중앙위원회의 강력한 영도 아래, 우리나라 노동계급과 전체 근로 대중이 단합해 힘차게 전진하며, 전국 여러 민족 인민이 함께 분투하는 한 아름다운 내일은 틀림없이 개척될 것이며, 중화민족의 위대한 부흥이라는 중국의 꿈은 반드시 실현되리라고 저는 확신합니다."[189]

189) ibid.

긍정적 신념의 리더십

차이나 드림을 위해 온 인민이 힘을 모으자

시진핑은 중국공산당 중앙당교 개교 80주년 경축대회 및 2013년 봄 학기 개학식 연설에서 차이나 드림에 대해 이렇게 말했다.

"중국에서 말하는 '차이나 드림'은 모든 중국인의 꿈입니다. 순조롭게 학업을 마치고, 직장에 들어가고, 가정을 꾸리고, 차를 사고 집을 사고……, 이와 같은 라이프 사이클에서 인간의 존엄성을 보장받는 것은 누구나 간직한 소망입니다. 나아가 사업을 성공시키고, 인생의 가치를 실현하는 것은 모두가 꿈꾸는 이상이요, 한 국가의 힘을 가장 오랫동안 하나로 모으는 힘입니다."[190)]

---

190) 김락준, 222.

시진핑은 그 꿈을 이루기 위해서는 인민 모두가 한마음이 되어야 한다고 말했다. 그리고 "지위가 비천해도 나라 걱정하는 마음을 잊지 못한다"라는 말을 인용하며 모든 인민에게 나라를 부강하게 하여 민족을 부흥시키기 위해 조금의 힘이라도 보태라고 요구했다.191)

과거 마오쩌둥은 "세계는 우리의 것이다. 나라가 하는 일에 모두 동참하자"라고 말했다. 18대 이후 중국공산당은 "단결이 대세이고 곧 힘이다"라고 강조해왔다. 이익관계가 부딪히며 모순이 불거지고, 사상의 다양화가 이루어지는 현재 상황에서는 특히 인민의 공통적인 이상과 하나로 모인 힘이 필요하다고 주장한 것이다.192)

부흥은 확고한 이상, 숭고한 신념의 결과다

시진핑은 '청년이여, 자발적으로 사회주의의 핵심 가치관을 실천하라'라는 주제로 열린 베이징대학교 사제 좌담회 연설에서 민족의 부흥은 확고한 신념과 숭고한 신념을 통해 이루어진다고 말했다.193)

사람들 중에는 비바람에 휘지 않고 늘 꼿꼿한 대나무의 품성을 닮은 이들도 있다. 그들은 자신의 이상을 위해서라면 죽어도 후회하지 않는다고 말한다. 그리고 그들은 많은 좌절을 겪어도 다시 도전한다.

191) ibid.
192) ibid.
193) ibid., 225.

확고한 이상과 숭고한 신념이 있기 때문이다.[194]

신념은 바위를 뚫는 대나무와 같다. 신념이 있으면 목표를 향해 전진할 수 있고, 어려움이 있어도 좌절하지 않으며, 이익 앞에서 흔들리지 않는다. 또한 가치관을 높게 세우면 의식이 깨어서 정치적인 의지도 더 확고해진다. 그리고 자신감을 가지면 가치의 편에 설 수 있고, 이상과 신념을 꿋꿋이 지킬 수 있으며, 이상과 신념을 향해 자각적으로 행동에 나서게 된다.[195]

시진핑은 한 국가가 발전 목표에 도달하고 한 민족이 자신들의 꿈을 실현하려면 강한 의지와 지향점이 필요하고, 뿌리를 내릴 수 있는 전통이 필요하다고 말했다. 그리고 자신의 정체성을 포용하는 자세도 필요하다고 말했다. 그는 민족이 위대하게 부흥하는 길에서 선택에 대한 자신감, 이론에 대한 자신감, 제도에 대한 자신감을 가져야 하는 이유가 여기에 있다고 힘주어 말했다.[196]

확고한 이상과 신념은 공산당원의 근본이다

시진핑은 당의 군중노선교육실천활동 1차 총화 및 2차 부서회의 연설에서 확고한 이상과 신념은 공산당원의 근본임을 주장했다. "어떤 일이 코앞에 닥쳤을 때 무엇을 선택하고 어떻게 행동하느냐는, 그

194) ibid.
195) ibid., 226.
196) ibid.

일에 대해 어떤 인식을 가졌느냐에 따라서 달라진다. 이상과 신념은 더 높은 위치에서 더 넓은 시각으로 인생을 대하고 세상을 바라보게 해준다. 이런 의미에서 이상과 신념은 사람의 행동방식을 결정한다고 할 수 있다"[197]며 "관료에게 이상과 신념이 없으면 '나는 누구인가', '누구를 위해 일하는가', '누구를 믿을 것인가'라는 물음에 대한 자기만의 답을 찾지 못한다. 그래서 정치 신념이 쉽게 변하고, 정신이 탐욕에 물들고, 도덕성이 타락하고, 사생활이 부패해진다"[198]고 주장했다.

시진핑이 인용한 것처럼 돌처럼 단단하고 주사처럼 붉은 이상과 신념은 공산당원의 근본적인 성질이다. 란카오 현의 모래를 다스린 자오위루와 황량한 산에 녹음을 입힌 양산저우를 대표적인 예로 들 수 있을 것이다. 이들은 몸이 아파도 굴하지 않았고, 조건이 열악해도 상관하지 않았다. 자신을 지탱해주는 이상과 신념이 있었기 때문이다.[199]

시진핑이 관료들에게 정신적인 칼슘을 보충하라고 반복해서 강조하는 것도 관료들의 마음에 등불을 밝히고 사상의 방어선을 튼튼하게 구축하기 위해서다. 그래야만 하늘보다 높은 혁명의 이상을 간직하고, 씩씩함과 올바른 기개를 유지할 수 있기 때문이다.[200]

---

197) ibid., 229.
198) ibid.
199) ibid., 100.
200) ibid.

애국주의는 나라를 흥하고 강하게 한다

시진핑은 중국공산당 중앙당교 개교 80주년 및 2013년 봄 학기 개학식 연설에서 애국주의는 나라를 흥하고 강하게 한다며 이렇게 말했다.

"지난 100여 년 동안 애국주의 정신은 개인의 운명과 민족의 운명을 단단히 연결했다. 국권을 지키기 위해 외세와 싸우고 매국노를 처벌했으며, 항전 시기에는 '1촌의 강산이 곧 1촌의 피이고, 십만 청년이 곧 십만 군사이다!'라는 구호 속에 떨쳐 일어났다. 또 쑨원이 중국의 생활 수준을 향상시키자고 외쳤을 때 온 인민이 호응했고, 쓰촨 대지진 때에는 전 중국인이 한마음이 되어 재해민을 도왔다. 이러한 정신은 중국인이 세대를 이어 차이나 드림을 향해 전진하게 했고, 민족 부흥으로 향하는 길에 에너지를 제공했다."201)

이처럼 시진핑에게 애국주의는 민족을 똘똘 뭉치게 하는 정신적인 힘이요, 모두의 마음과 뜻을 하나로 모아 나라를 흥하고 강하게 하는 영혼이었다. 이를 기반으로 했을 때 비로소 그는 자신이 주장한 중국의 꿈이 현실이 될 수 있다고 생각했다.

신념이 있는 사람만이 공산당원이 될 수 있다

시진핑은 중국공산당 중앙당교 개교 80주년 경축대회 및 2013년 봄

---

201) ibid., 232.

학기 개학식 연설에서 다음과 같이 흔들리지 않는 신념이 있는 사람만이 진정한 공산당원이 될 수 있다고 주장했다.

"사람의 신념을 파고들어 의지를 바꿔놓는 것은 무엇일까? 맹자는 돈과 지위, 가난과 고통, 권세와 무력이 그것이라고 생각했다. 하지만 왜 어떤 사람들은 외부의 압력을 받아도 초심을 잃지 않고 처음의 결심을 바꾸지 않을까? 이상이 있고 신념이 있어서이다. 이상과 신념이라는 기둥이 있는 것은 행위의 나침반이 있는 것과 같아서 명예를 욕심내지 않고, 이익에 손을 뻗지 않고, 시험을 당해도 안색을 바꾸지 않게 한다."[202)]

시진핑은 맹자가 제시한 대장부를 판단하는 기준은 돈과 지위, 가난과 고통, 권세와 무력에 대한 태도이며, 이들 앞에서 흔들리지 않으면 천하의 넓은 집에서 살 수 있고, 천하의 바른 자리에 설 수 있으며, 천하의 큰 길을 갈 수 있다고 생각했다.[203)]

시진핑은 중앙당교에서 진행한 연설과 네이멍구 시찰 당시 진행한 연설에서도 다음과 같이 관료의 도덕적 품성을 판단하는 기준으로 맹자의 기준을 들었다.

"지금의 관료에게 '넓은 집'은 국가와 민족이고, '바른 자리'는 공산주의에 대한 믿음이며, '큰 길'은 중국의 특색이 있는 사회주의이다. 국가와 민족이라는 넓은 집에 살고, 공산주의에 대한 믿음 위에 바로 서고, 중국식 사회주의라는 큰 길을 가면 의지가 곧은 순수한 공산당

---

202) ibid., 236.
203) ibid.

원이 될 수 있다."[204]

큰 뜻이 큰 일을 이루게 한다

시진핑은 12회 전국 인민 대표회의 제1차 회의 연설에서 위대한 공적은 원대한 뜻이 있어야 이룰 수 있다고 주장했다. 그리고 "나라가 부국강병을 이루거나 개인이 자신의 분야에서 성과를 거두려면 목표와 근면함이 있어야 한다. 목표가 실현의 전제 조건이라면 근면함은 실현의 보증수표이다. 목표가 없으면 꾸준히 일할 수 없고, 부지런하지 않으면 일을 이루기 어렵다."[205]며 여러 곳에서 이 말을 인용해 목표를 세우는 것과 성실하게 일하는 것이 상호 보완적인 관계임을 설명했다.

그는 중국에는 '두 개의 100년'을 시한으로 하는 원대한 발전 목표가 있다며 하나는 중국공산당 성립 100주년인 2021년까지 중진국 수준의 사회를 건설하는 것이고, 다른 하나는 신중국 성립 100주년인 2049년까지 부국강병, 민주, 문명, 화합을 이룬 사회주의 현대 국가를 건설하는 것이라고 천명했다.[206] 그리고 이처럼 원대한 목표에 다가가다 보면 복잡한 발전 환경에도 직면하게 될 것이며 이를 해결하기 위해서는 많은 업무를 추진해야 하고, 개혁의 속도를 늦추는 저항과

---

204) ibid., 237.
205) ibid., 240.
206) ibid.

어려움도 해결해야 한다고 말했다.

위대한 성과는 성실한 노동으로 만들어진다

시진핑은 전국 노동모범대표 좌담회 연설에서 눈부신 성과는 성실한 노동으로 만들어진다면서 "공리공담은 나라를 망치지만 성실하게 일하는 것은 나라를 부강하게 한다"고 말했다.[207] 그리고 "무엇이 성실하게 일하는 걸까? 먼저 실제 상황에 맞추어 진지하게 일하는 것이다. 지난 몇십 년 동안 중국이 이룬 발전은 시진핑이 인용한 말이 사실임을 증명한다. 30여 년 동안 고속 발전을 이룬 '중국의 전설', 13억 인민의 삶을 개선한 '중국의 이야기' 등 모든 영역에서 중국의 발전에 헌신한 노동자의 그림자를 찾을 수 있다. 또한 우주 비행의 꿈, 올림픽의 꿈, 세계 박람회의 꿈, 달 착륙의 꿈 등 모든 꿈을 실현하는 곳에선 늘 노동자가 흘린 땀 냄새를 맡을 수 있다"[208]고 덧붙였다.

시진핑의 말처럼 인간 세상의 아름다운 꿈은 오직 성실한 노동을 통해서만 이루어지고, 발전 과정에서 나타나는 각종 난제도 오직 노동을 통해서만 해결된다. 그뿐 아니라 인생의 모든 눈부신 성과도 오직 성실한 노동을 통해서만 만들어진다.

지금 중국은 모든 분야에서 개혁을 강화해야 하는 시대적 명제를

---

207) ibid., 243.
208) ibid.

안고 있고, 더 복잡하고 무거운 임무를 안고 거대한 도전에 임해야 하는 지점에 이르렀다. 이럴수록 인류사회의 진보를 이끄는 근본적인 힘인 노동이 필요하다. 부지런한 노동, 성실한 노동, 창조적인 노동을 통해서만 전 분야에서 진행되는 개혁에 가장 뜨거운 열정을 제공할 수 있다. 그렇게 해야만 새로운 경지를 향해 발전하고, 새로운 고도에 접어드는 꿈을 실현할 수 있다.

세상의 모든 큰일은 사소한 것에서 시작된다

시진핑은 당의 18회 제3차 전체회의 연설에서 세상의 모든 큰일은 반드시 사소한 부분에서 시작된다고 했다. 어떤 일이든 사소한 부분부터 시작하고 작은 일을 큰일처럼 여기며 처리하는 것이 바로 시진핑의 뚜렷한 국정 운영 스타일이라고 할 수 있다. 그는 군중노선교육실천활동에서 "작은 문제도 놓치지 말라"고 강조했다. 그리고 사회주의의 핵심 가치관을 키울 때는 "사소하고, 보잘것없고, 실질적인 부분에 노력을 기울이라"고 요구했으며, 반부패 투쟁 때는 부패를 저지르는 권력자를 '호랑이'라 부르고 사회 각계각층에서 부패를 저지르는 일반인을 '파리'로 부르며 "호랑이와 파리를 같이 잡자"고 주장했다.[209)]

또한 "성인은 기꺼이 노력하는 평범한 사람이고, 평범한 사람은 노력하지 않는 성인이다"라는 말을 인용하기도 했다. 아울러 그는 정

---

209) ibid., 247.

말로 중요한 곳에 힘쓰고, 아는 대로 행동하고, 한 번에 한 걸음씩 전진하면 낙숫물이 댓돌을 뚫고 노끈으로 나무를 자르는 경지에 도달할 수 있다고 말했다.[210] 그리고 "어려운 것과 쉬운 것 사이에서 선택하고 큰 것과 작은 것 사이에서 균형을 유지하는 것은, 극과 극 사이에서 중용을 지키는 변증법적 사고이다. 도덕과 도리는 가만히 앉아 토론한다고 해서 실현되는 것이 아니니, 덕의 실천은 공리공담으로 끝내면 안 된다. 모든 원대한 청사진을 이루려면 구체적인 거점이 필요하고, 모든 아름다운 꿈을 이루려면 현실에서 일을 시작하는 출발점이 필요하다"며 실행을 주장했다.

중국이 가는 길에 자신감을 가져라

시진핑은 성부급 주요 관료 학습 관철 18회 3중 전회 연설에서 중국이 가는 길에 자신감을 가지라고 했다. 중국이 걷는 길과 제도에 대해 시진핑은 자신감을 가지라고 끊임없이 강조했다. 21세기 들어 중국은 이미 세계에서 두 번째로 큰 경제 대국이 되었고 15억 인구의 사회보장망을 짜기 시작했다. 또한 사회경제 분야에서 이룬 발전은 국제사회에서 좋은 반향을 불러일으키고 있다. 하지만 '중국 위협론'이나 '중국 붕괴론' 같은 목소리가 존재하는 것도 사실이다.[211]

210) ibid.
211) ibid., 250.

시진핑은 모스크바 국제관계 학원을 방문했을 때 "발에 신발이 잘 맞는지는 직접 신어보면 알 수 있다"라고 말했다. "중국의 국가 통치 시스템과 통치 능력은 수많은 시행착오를 겪으며 직접 탐색해 만들어진 것이며, 무엇이 중국 실정에 잘 맞는지는 중국 스스로가 잘 안다"고 피력한 것이다.212)

중국은 지난 30여 년 동안 사회와 경제가 발전하는 과정에서 돌발적인 자연재해, 세계 경제의 위기, 정치 파동 등의 여러 고비를 겪었다. 하지만 매번 잘 견뎌냈고, 한차례 폭풍우가 지나간 후에는 더 크게 발전했다. 그러므로 중국은 마땅히 자신감을 가져야 한다고 그는 주장한 것이다.

212) ibid.

국방안보의 리더십

국방과 군대의 건설을 꾸준히 밀고나가자

일찍이 중앙군사위원회 판공청에서 3년을 근무하는 동안 그는 군부대에 남다른 애정을 갖게 되었다. 지방에서 일할 때 그는 현 인민무장부 제1정치위원, 시군분구 당 위원회 제1서기, 성 고사포예비역사단 제1정치위원, 성군구 당 위원회 제1서기와 대군구 국방동원위원회 지도간부 등 군사 직무를 맡아 군부대의 상황을 잘 알고 있다.

그는 군부대를 옹호하고 사랑했으며 군부대의 실제적인 어려움을 해결하기 위해 적극적으로 나섰다. 그리고 중앙군사위원회 부주석에 임명된 후 그는 국방과 군부대 건설을 지도하는 사업에 적극 참여했다. 중국공산당 제18기 1중 전회에서 그는 중앙군사위원회 주석 직무를 이어받았다. 다음은 국방과 군대에 관한 시진핑의 연설 내용이다.

"군사위원회 지도부와 군 고위급 간부는 국방과 군대 건설을 영도함에 있어서 중대한 역사적 책임을 지고 있습니다. 우리는 항상 명석한 두뇌로 장병들이 대를 이어 이룩한 큰 성과를 더욱 소중히 여기며, 오랜 실천을 통해 쌓은 고귀한 경험을 더욱 소중히 간직하고, 당면한 군대 건설과 발전에서 이룩한 절호의 국면을 더욱 소중히 여기며, 당과 인민에 충성을 다해 일함으로써 국방과 군대 건설을 꾸준히 밀고 나가야 합니다.[213)]

18차 당대회 정신을 학습하고 관철하는 것을 가장 중요한 정치 임무로 삼아 굳건히 밀고나가며 원만히 수행해야 합니다. 각급 부처는 당 중앙위원회, 중앙군사위원회의 배치에 따라 18차 당대회 정신을 학습하고 관철하는 분위기를 군 전체에 빠르게 확산해나가야 합니다. 과학적 발전관을 깊이 학습하고 관철하며, 당이 새로운 정세 속에서 국방과 군대 건설에 임하는 사상을 학습하고, 국방과 군대 건설에서 과학적 발전관의 지도적 지위를 확고히 확립하며, 국방과 군대 건설의 특징과 규칙을 심도 있게 파악해야 합니다. 후진타오 주석이 국방과 군대 건설을 영도하면서 쌓은 귀중한 경험을 진지하게 종합하고, 후진타오 주석이 확정한 군대 건설 방침과 제반 전략적 방책을 실제 상황에 적용해야 합니다.[214)]

군대에 대한 당의 절대적 영도를 흔들림 없이 견지해야 합니다. 군

---

213) 시진핑, 266.
214) ibid.

대에 대한 당의 절대적 영도를 확보하는 것은 우리 군이 존립하기 위한 기본 원칙이자 군 건설의 영혼으로서 이는 우리 군의 성격과 취지, 사회주의의 전도와 운명, 당과 국가의 장기적인 안정과 직결됩니다. 그러므로 사상 정치 건설을 군의 제반 건설의 우선순위에 놓고 군에 대한 당의 절대적 영도를 견지하는 것을 장병들의 사상 속에 깊이 뿌리내리게 하여 전군이 언제 어떠한 상황에서도 당 중앙위원회와 중앙군사위원회의 지휘를 아낌없이 따를 수 있게 해야 합니다. 군대 내의 당 건설을 강화해 당이 사상적, 정치적, 조직적 차원에서 부대를 단단히 장악하게 해야 합니다. 정치적 차원에서 간부를 고찰하고 등용해 당에 충성하며 신뢰할 수 있는 사람이 총자루를 쥐게 해야 합니다. 정치 기율과 조직 기율을 엄격히 하여 당 중앙위원회와 중앙군사위원회의 권위를 굳세게 수호해 정령과 군령이 원활하게 집행될 수 있게 해야 합니다.[215]

제반 군사 투쟁 임무를 반드시 수행해야 합니다. 전군은 국가 안보와 발전전략의 전반적 국면에서 군대가 차지하는 위상과 작용을 깊이 인식해, 국가의 주권과 안보를 최우선순위에 놓고 군사 투쟁 준비의 선도적 지위를 고수해야 하며, 정보화 조건하에서 군의 억제력과 실전 능력을 전면적으로 향상해 국가의 주권과 안보, 발전 이익을 결연히 수호해야 합니다. 전군은 전략적 차원에서 군사훈련을 함으로써 부대의 실전 수준을 끊임없이 높여야 합니다.[216]

---

215) ibid., 267.
216) ibid.

전면적 건설이라는 사상에 입각해 군대의 혁명화, 현대화, 정규화를 추진해야 합니다. 군사 · 정치 · 후방 행정 · 장비 등 제반 분야의 업무가 전면적으로 발전될 수 있게 추진해 군대의 전체적 수준을 꾸준히 향상해야 합니다. 새 시대의 적극적 군사방어전략 방침을 진지하게 관철하고 군사전략의 혁신과 발전을 적극 추진해 군대의 제반 건설과 업무를 총괄하는 군사전략의 역할을 충분히 발휘해야 합니다. 국방과 군대 건설의 주제와 기본 방침을 깊이 관철해 국방과 군대 건설의 과학적 발전을 추진하는 면에서 뚜렷한 진보를 이룩하고, 전투력 생성 모델을 신속하게 전환하는 면에서 실질적인 진전을 이끌어내야 합니다. 중국 특색을 갖춘 군사 변혁을 심도 있게 추진해 중국 특색을 갖춘 현대적 군사역량체계를 힘써 구축해야 합니다.[217]

우리 군의 영광스러운 전통과 양호한 기풍을 유지해야 합니다. 마오쩌둥 주석, 덩샤오핑 주석, 장쩌민 주석, 후진타오 주석이 정립한 영광스러운 전통과 양호한 기풍을 계승하고 드높여 국방과 군대의 현대화 추진에 진력해야 합니다. 장병들을 인도해 우환의식 · 위기의식 · 사명의식을 강화하고, 신념이 흔들리지 않고 사상이 흐트러지지 않으며 투지가 쇠퇴하지 않고 기풍이 해이해지지 않고, 결연한 혁명적 의지와 왕성한 전투정신을 일관되게 유지해야 합니다. 군대에서 부패를 척결하고 청렴을 제창하는 정신을 강화해야 합니다. 군 고위급 간부들은 뚜렷한 기치로 부패를 척결하고 솔선수범해서 청렴을 실천하며 각종 규정을 자율적으로 지켜야 합니다.[218]

---

217) ibid.

당 중앙위원회와 중앙군사위원회의 강력한 영도 아래 전국 인민이 힘써 지지하고 위아래 할 것 없이 전군이 일치단결하여 분투한다면 국방과 군대의 현대화라는 웅대한 목표에 반드시 도달할 수 있습니다.[219]"

튼튼한 국방과 강력한 군대 건설에 힘쓰자

그는 또한 국방과 안보야 말로 중국의 꿈을 구성하는 전제조건이라며 모두가 튼튼한 국방과 강력한 군대로 안보를 강화를 다음과 같이 노력을 기울어야 한다고 주장했다.

"전군은 중국식 사회주의의 위대한 기치를 높이 들고 덩샤오핑 이론·'3개 대표' 중요 사상·과학적 발전관을 지도 이념으로 삼아 국방과 군대 건설의 주제와 기본 방침을 깊이 관철하고, 18차 당대회에서 제시한 국방 및 군대 건설과 관련한 전략적 배치를 열심히 이행해야 합니다. 굳은 의지로 당의 지휘에 복종하는 것은 강군의 영혼입니다. 전투에서 승리하는 것은 강군의 기본덕목이며, 법에 의거해 군대를 엄하게 다스리는 것은 강군의 기본 방침임을 명심하고 혁명화, 현대화, 정규화 건설을 전면적으로 강화해야 합니다.[220]

강력한 군대 건설을 위해 우리는 사상적·정치적 학습을 우선순위

218) ibid., 268.
219) ibid.
220) ibid., 270.

에 두고 시종일관 올바른 정치적 방향을 지켜야 합니다. 중국식 사회주의 이론체계로 장병들의 정신을 무장하고 당대 혁명 군인의 핵심 가치관을 지속적으로 수립해야 합니다. 우리 군의 영광스러운 전통과 양호한 기풍을 적극적으로 키워야 합니다. 장병들이 기치를 높이 들고 당의 지휘를 따라 사명을 이행할 수 있게 사상 정치적 기반을 굳게 다져야 합니다. 현 시기, 그리고 향후 일정 기간 동안 사상 정치적 학습을 강화하는 데 있어 가장 중요한 과업은 18차 당대회 정신을 학습하고 선전하며 관철하는 것입니다.[221]

실제와 연계하고 배운 것을 활용해 부대 건설을 추진하고 군사 임무를 수행하는 과정에서 18차 당대회 정신을 확실히 관철하고 집행해야 합니다. 시종일관 실전의 기준에 따라 전투 준비를 추진하고, 전쟁에 대비한 장병 모집, 인솔, 훈련 등을 꾸준히 강화해야 합니다. 실전에 대비해 군대를 엄격히 훈련하고 군사 투쟁에 대비해 현대화 건설을 견인함으로써 정보화 조건하에 국지전쟁에서 승리하는 능력을 핵심으로 하는 다양한 군사 임무 수행 능력을 전면적으로 향상해야 합니다. 법에 의거해 군대를 엄격히 다스리는 방침을 흔들림 없이 관철해 기율을 엄수하고 명령을 엄격히 집행하며 질서정연한 군대의 양호한 기풍을 길러야 합니다. 시종일관 업무의 중점을 기층에 두고 부대 건설과 전투력의 기반을 더욱 튼튼하게 다져야 합니다.[222]

중화민족의 위대한 부흥을 실현하는 것은 근대 이후 중화민족이 줄

---

221) ibid.
222) ibid.

곧 지녀온 가장 위대한 꿈입니다. 이 꿈은 강국의 꿈이라고 할 수 있으며, 군대의 측면에서는 강군의 꿈이라고 할 수 있습니다. 우리가 중화민족의 위대한 부흥을 실현하려면 반드시 국가의 부강과 군대의 강성을 통일해 국방을 튼튼히 하고 강군의 구축에 진력해야 합니다.[223]

첫째, 당의 지휘에 절대적으로 복종하는 것은 강군의 영혼이므로 군부대에 대한 당의 절대적 영도를 확고히 견지하고 언제, 어떠한 상황에서도 당의 명령에 절대적으로 복종하며 당의 말을 듣고 당을 따라가야 한다는 것을 명기해야 합니다. 둘째, 전투에 능하고 전투에서 승리하는 것은 강군의 가장 중요한 덕목이므로 실전의 기준에 따라 군을 건설하고 군사 투쟁 준비를 갖추며 국가가 부르면 즉시 출동할 수 있고, 출동하면 싸울 수 있고, 싸우면 반드시 승리할 수 있게 명기해야 합니다. 셋째, 법에 의거해 부대를 엄하게 다스리는 것은 강군의 가장 중요한 덕목이므로 엄격한 기풍과 강철 같은 기율을 유지하고 군부대에 대한 고도의 집중과 통일, 안전과 안정을 확보해야 합니다. 중화민족의 위대한 부흥을 실현하는 과정에서 영웅적인 인민군대는 틀림없이 전통을 널리 알리고 지난날의 사업을 이어받아 앞길을 개척하면서 주어진 역사적 사명을 효과적으로 수행해나갈 것입니다."[224]

---

223) ibid., 271.
224) ibid.

변혁의 리더십

개혁하라

시진핑은 전국 사상선전작업회의 연설에서 사상선전 작업에서 가장 피해야 할 것은 개혁을 거부하고 현실에 안주하는 것이라고 말했다. 그는 지금 중국에서 사상선전 작업을 잘하기 위해 본질적으로 요구되는 것이 창조라며 그 근거로 기술의 다변화, 이익의 다양화, 관념의 다원화 등과 같이 전례를 찾아볼 수 없는 새로운 여론환경을 제시하며 이렇게 말했다.[225]

“생각해보라. 빠르고 복잡하게 변하는 사업환경에서 다른 사람들보다 뒤떨어지는 기술력으로 어떻게 주류가 되겠는가? 다양한 ‘목소

225) 김락준, 265.

리'를 내는 사람들을 그들보다 뒤처지는 방법으로 어떻게 지도하겠는가? 다른 사람들보다 덜 성숙한 이념으로 어떻게 다양한 관념을 포용하고 자신의 이념을 실현하겠는가?"[226]

그리고 뒤이어 그는 다음과 같이 덧붙였다.

"과거에 효과적이었다고 해서 지금도 효과적이라는 보장은 없고, 과거에는 적합하지 않았더라도 지금은 반드시 그렇게 해야 할 수도 있다. 또한 과거에는 뛰어넘지 못했지만 지금은 반드시 돌파해야 하는 것이 있을 수 있다. 그렇기 때문에 지금 중국에서 사상 선전 작업을 할 때 가장 피해야 할 것은 개혁을 거부하고 현실에 안주하는 것이다. 낡은 것을 버리고 새로운 것을 받아들여야 한다. 그래야 창조의 과정에서 주도권을 얻고 시대의 물음에 대답할 수 있다."[227]

개혁개방에는 진행형이 있을 뿐 완성형은 없다

아울러 그는 다음과 같은 말로 개혁개방이 중국이 나아가야 할 지향점을 언급했다.

"개혁개방은 장기적이고 어려우며 복잡한 사업이므로 대를 이어 계속 진행해야 합니다. 사회주의 시장경제의 개혁 방향과 대외 개방이라는 기본 국책을 견지하여 더 큰 정치적 용기와 지혜로 시기를 놓치

226) ibid.
227) ibid.

지 말고 중요한 분야의 개혁을 심화함으로써 18차 당대회 정신이 제시하는 개혁개방의 방향에 따라 용감하게 전진해야 합니다.[228]

역사와 현실, 미래는 서로 통합니다. 역사는 과거의 현실이며 현실은 미래의 역사가 됩니다. 18차 당대회에서 내놓은 개혁개방의 중대한 계획을 실천하려면 개혁개방의 길을 진지하게 돌아보고 심화해야 합니다. 그리고 개혁개방의 역사적 필연성을 더욱 깊이 인식하고, 개혁개방의 법칙성을 더욱 능동적으로 파악해 개혁개방을 심화하는 중대한 책임을 더욱 확고히 다져야 합니다.[229]

개혁개방의 성공 경험을 열심히 심화하고 적용하기 위해서는 첫째, 개혁개방은 한 차례 심오한 혁명이므로 정확한 방향을 견지하고 그 노선을 따라 추진해야 합니다. 방향 문제에 있어, 우리는 냉철한 이성으로 사회주의 제도의 자체 정비와 발전을 부단히 추진하여 중국식 사회주의의 길을 흔들림 없이 걸어가야 합니다. 둘째, 개혁개방은 전례 없는 새로운 위업이므로 정확한 방법론에 입각해 꾸준히 실천하고 모색하면서 추진해야 합니다.[230]

'돌다리도 두드려보고 건너는' 것은 중국의 특색이 충만하고 중국의 실정에도 부합하는 개혁방법입니다. '돌다리도 두드려보고 건너는' 것은 법칙을 모색하는 가운데 실제 지식을 얻는다는 뜻이겠지요. '돌다리도 두드려보고 건너는 것'과 상부 설계를 강화하는 것은 변증법적으로 통일된 것입니다. 국부적이고 단계적인 개혁개방은 상부 설

228) 시진핑, 92.
229) ibid.
230) ibid.

계의 강화를 전제로 진행되어야 하고, 상부 설계의 강화는 국부적이고 단계적인 개혁개방 추진을 기반으로 삼아야 합니다. 거시적 사고와 상부 설계를 강화하고 개혁의 체계성 · 정체성 · 협동성을 더욱 중요시하며, 과감한 시험과 시도를 통해 개혁개방을 계속 심도 있게 진행해야 합니다.[231]

셋째, 개혁개방은 하나의 시스템 엔지니어링이므로 반드시 전면적 개혁을 견지하면서 각종 개혁을 조화롭게 추진해나가야 합니다. 개혁개방은 심오하고도 전면적인 사회변혁입니다. 하나하나의 개혁이 여타 개혁에 중요한 영향을 미치므로 서로 조화를 이루어야 합니다. 각종 개혁 간에 선순환할 수 있게 상호작용을 유지하고, 전체적으로 추진하면서 중요한 부분에 역점을 두는 방법으로 개혁개방의 강력한 힘을 형성해야 합니다. 넷째, 안정은 개혁 발전의 전제이므로 안정적인 통일을 기해야 합니다. 사회가 안정되어야 개혁 발전을 계속 추진할 수 있으며, 그래야 사회 안정의 기초가 단단해질 수 있습니다.[232]

개혁의 힘과 발전 속도, 사회의 부담 정도를 종합적으로 고려하고, 인민의 생활 개선을 개혁의 안정관계를 정확히 처리하는 연결점으로 삼아야 합니다.[233]

다섯째, 개혁과 사회의 개방은 수억 인민의 위업이므로 인민의 혁신정신을 존중하고 당의 영도하에 추진해야 합니다. 개혁개방의 인

231) ibid., 93.
232) ibid.
233) ibid., 94.

식과 실천으로 이루어지는 모든 성과와 발전, 그리고 그 과정에서 이루어지는 새로운 사물의 형성과 발전, 모든 경험의 창조와 축적에는 어느 하나 수억 인민의 실천과 지혜에서 비롯되지 않은 것이 없습니다. 개혁개방의 안정적 과업이 복잡하고 클수록 우리는 당의 영도를 강화하고 개선해야 하며, 당과 인민대중의 혈연적 연계를 유지하고, 정확한 노선, 방침, 정책을 제시하고 관철하며, 인민대중을 이끌고 함께 전진해야 합니다. 인민대중의 실천창조와 발전 요구가 잘 조화를 이루어 정책 주장을 정비해야만 개혁 발전에 따른 혜택이 더 많이, 더 공평하게 전체 인민에게 돌아갈 수 있으며, 개혁개방을 심화 발전시키는 데 필요한 대중의 지지를 확보할 수 있습니다.[234)]

개혁개방에는 진행형이 있을 뿐 완성형은 없습니다. 개혁개방 없이는 중국의 오늘은 물론 내일도 있을 수 없습니다. 개혁개방을 추진하는 과정에서 나타나는 문제는 오직 개혁개방으로 해결할 수 있습니다. 우리는 18차 당대회의 정신을 전면적으로 관철하고 덩샤오핑 이론 · '3개 대표' 중요 사상 · 과학적 발전관을 지도이념으로 견지하여 개혁개방 심화에 대한 인민의 뜨거운 호응과 간절한 기대에 적극적으로 보답해야 합니다. 또 사회적 공감대를 형성하고 각 분야와 부분의 개혁을 조화롭게 추진하며, 개혁개방을 위해 노력하고 전진해야 합니다."[235)]

---

234) ibid.
235) ibid.

개혁에는 구성원 모두의 협력이 필요하다

시진핑은 《가난에서 벗어나자》에서 개혁에는 리더나 몇몇의 힘이 아니라 구성원 모두의 협력이 필요하다며 다음과 같이 말했다.

"전면적인 개혁을 하기 위해 먼저 한 영역을 개혁하려면 다른 영역의 협조가 반드시 필요하다. 그래야 전면적인 개혁을 할 수 있다. 시진핑은 명언을 인용해 개혁과 발전은 찔끔찔끔 진행되거나 단 한 사람의 용맹함으로 이루어져선 안 된다고 강조했다. 그러지 않으면 문제가 생길 때마다 해결해야 하므로 하나를 돌보다가 다른 것을 놓쳐 결과적으로 내실이 부족해지고 누락된 것이 많아진다는 것이다."[236]

개혁을 강화할수록 당연히 이익관계가 복잡해지고 모순도 증가하게 마련이다. 따라서 개혁의 결합성 · 협동성 · 전체성을 강화할 필요가 있다. 축구 애호가인 시진핑은 이를 설명할 때 다음과 같이 축구 평론가가 아르헨티나 국가대표팀을 평론한 말을 인용했다.[237]

"마라도나 선수는 모두가 아는 스타지만 그는 이번 경기에서 팀플레이가 아니라 개인플레이에 집중했다. 아르헨티나 국가대표팀은 스타 군단이지만 모든 선수가 개인플레이에 집중한 결과 월드컵에서 우승을 놓쳤다."

이를 통해 시진핑은 축구만 해도 구성원 간에 협력이 필수적이니 개혁은 더 말해 무엇하겠느냐고 말했다. 그리고 각 영역은 상대적인

236) 김락준, 286.
237) ibid.

독립성을 갖지만 전체의 일부분이기 때문에 개혁할 때 전체와 단절된 채 개인플레이를 해선 안 된다고 설명했다. 또한 개혁에는 각 영역마다 조화를 이루고 각 방면의 기술이 서로를 도와주는 자세가 꼭 필요하다며 여기에 단계별로 개혁조치를 설계하고 통일된 계획을 세우면, '1 더하기 1'이 2가 아니라 그 이상이 될 수 있다고 강조했다.[238)]

238) ibid., 287.

경제개발 리더십

빈곤에서 벗어나 잘 살아보자

시진핑은 중국의 꿈을 부국강병으로 명확히 설명했다. 그리고 빈곤을 퇴치하고 민생을 개선하며 다 함께 부유한 생활을 영위하는 것이야말로 사회주의의 본질적 요구라며 가는 곳마다 다음과 같은 연설로 경제개발의 필요성을 역설했다.

"우리는 형편이 어려운 사람들에게 각별한 관심과 배려를 기울이고, 모든 수단과 방법을 동원해 그들의 근심을 덜어주고 어려움을 해소해주어야 합니다. 당과 정부는 항상 인민대중의 안위와 일상생활을 마음에 두고 모든 가정을 따뜻하게 보살펴야 합니다.[239]

---

239) 시진핑, 236.

혁명 근거지(중화인민공화국이 창건되기 전에 중국공산당이 건립한 혁명기지)와 그곳의 인민들은 중국혁명이 승리를 위해 중요한 기여를 하였습니다. 당과 인민은 이 점을 영원히 잊지 않을 것입니다. 개혁개방 30여 년 동안 중국인민의 생활 수준은 전반적으로 큰 변화가 있었습니다. 그러나 중국은 여전히 사회주의 초급 단계에 머물러 있으며, 아직도 생활이 어려운 사람들이 많습니다. 소강사회를 전면적으로 달성하는 데 있어 가장 무겁고 어려운 임무는 농촌, 특히 빈곤 지역이 가난에서 벗어나게 하는 것입니다. 농촌, 특히 빈곤 지역이 소강사회를 실현하지 못하면 소강사회를 전면적으로 달성할 수 없습니다. 중앙은 빈곤 퇴치를 위한 개발을 매우 중요시하고 있습니다. 각급 당 위원회와 정부는 빈곤 퇴치 개발에 대한 책임감과 사명감을 강화하고, 구체적인 계획과 자금 확보, 목표 설정 및 그와 관련된 조치를 진행하고 검열에 만반을 기하여 농촌 지역이 하루빨리 가난에서 벗어나 소강사회에 진입할 수 있게 다 같이 노력해야 합니다.[240]

자신감을 가지고 열심히 일하면 황토도 금으로 바꿀 수 있습니다. 각급 당 위원회와 정부는 형편이 어려운 인민, 특히 혁명 근거지와 빈곤 지역의 어려운 인민들이 가난에서 벗어나 잘살 수 있게 하는 것을 시급한 사업으로 추진해 각 지역의 실정에 맞는 대책, 과학적인 계획, 상황에 따라 적절히 구별된 지도를 통해 혁명 근거지와 빈곤 지역에 각종 지원정책을 더욱 편중해야 합니다. 자신감을 갖고 정확한 길을 찾아 열심히 일해서 빈곤 지역이 가난에서 벗어나 잘살 수 있고 더욱

240) ibid.

발전할 수 있게 추진해야 합니다. 각급 지도간부들은 어려운 사람들을 좀 더 배려하고 필요한 지원을 더 많이 제공하며, 그들을 위해 열심히 일해야 합니다.241)

농촌이 발전하고 농민이 부유해지려면 일선 당지부가 적극적으로 나서야 합니다. 업무의 제일선에서 일하고 좋지 않은 여건에서 1년 내내 애쓰고 많은 고생하는 농촌 기층의 동지 여러분의 수고에 진심 어린 위로를 표합니다. 당의 정책을 에누리 없이 실천에 옮기며 모두 하나의 목표를 향해 마음과 힘을 모으고 열심히 일하며 농촌 지역 주민들이 잘살 수 있게 최선을 다해야 합니다."

주택보장과 주택공급을 가속화하자

그리고 그는 경제개발의 궁극적인 목적이 인민대중의 삶을 더욱 풍요롭게 하는 데 초점이 맞춰져야 한다고 주장했다. 특히 그중에서도 그는 다음과 같이 인민들이 살 수 있는 주택에 관한 부분을 해결해야 한다는 데 많은 역량을 집중할 것을 주문했다.

"주택보장과 주택공급체계 구축을 가속화하는 것은 대중의 기본적 주택수요를 충족하고 전체 인민의 주거문제 해결이라는 목표를 실현하는 데 있어 중요한 임무입니다. 또한 이는 사회의 공평정의를 촉진하고 인민대중이 개혁발전의 성과를 공유하는 데 따른 필연적 요구입니다. 각급 당 위원회와 정부는 조직을 잘 운영하고 지도를 강화하

---

241) ibid.

며 목표, 임무와 정책, 조치를 수행해 주택보장과 주택공급체계 구축을 실현하고, 인민, 역사의 검증을 감당할 수 있는 덕정 프로젝트를 완성해야 합니다.[242]

주택문제는 민생문제이자 발전의 문제이기도 합니다. 모든 가정의 실질적인 이익과 직결되고, 인민들이 편안히 생활하고 즐겁게 일하는 민생과도 직결되며, 경제·사회발전의 전체 국면과도 관련되고 사회의 화합과 안정과도 관계되는 것입니다. 당과 국가는 대중의 주택문제를 매우 중시해왔으며 오랜 기간 노력을 통해 중국의 주택 관련 발전에서 매우 큰 성과를 거두었습니다. 아울러 우리는 인민대중의 주택문제를 해결하는 것이 장기적으로 수행해야 할 임무라는 사실을 알아야 합니다. 현재 주택난을 겪고 있는 가정의 기본적 수요를 근본적으로 충족하지 못하고 있으며 보장성 주택(정부가 저소득층을 위해 제공하는 제한된 규격, 가격, 임대료의 주택—역주)의 전반적인 부족, 주택자원의 불합리하고 불균형적인 배분문제가 여전히 존재하고 있습니다. 인민대중이 주거문제 해결에 큰 기대를 품고 있는 상황에서 우리는 더욱 큰 결심을 내리고 더욱 큰 힘을 들여 우리의 주택 관련 발전에 존재하는 각종 문제를 반드시 해결해야 합니다.[243]

주택보장과 주택공급체계 구축을 가속화하려면 정부와 시장에서 제공하는 공공서비스의 관계, 주택 관련 발전의 경제 기능과 사회 기능의 관계, 수요와 가능성의 관계, 주택보장과 복지 함정 방지의 관계

242) ibid., 239.
243) ibid.

를 잘 처리해야 합니다. 시장화 개혁 방향을 견지해야 시장의 활력을 충분히 발휘해 다양한 차원의 주택수요를 충족할 수 있습니다. 동시에 일부 대중은 노동 기능이 부족하고 취업 기회가 불충분하며 소득수준이 낮아서 주택난을 겪고 있으므로, '특별 분양' 조치를 통해 어려운 계층에게 기본적인 주택보장을 제공해야 합니다.

중국의 실정을 감안할 때 전체적인 방향은 정부를 중심으로 한 주택의 기본보장체제와 시장 위주의 다양한 수요를 충족하는 주택공급체계를 함께 구축하는 것입니다. 중국 주택 관련 개혁과 발전의 경험을 종합하고 다른 나라의 효과적인 주택문제의 해결방법을 참고하며 주택건설의 구조적 문제를 깊이 연구하고 상부설계를 강화해 통일적이고 규범적이며 성숙되고 안정된 주택공급체계를 서둘러 구축해야 합니다. 모든 수단과 방법을 동원해 주택공급을 늘리며, 인민대중의 주택수요 조절을 중요한 위치에 놓고, 경제적이고 실용적이며 친환경적이고 자원 절약형의 안전한 주택기준체계를 마련하며, 국가 실정에 맞는 주택 소비 모델을 제창해야 합니다.[244)]

'제12차 5개년 계획'에 따르면 도시의 보장성 주택과 판자촌 주택 3천 6백만 가구를 재건축하고, 2015년까지 전국의 보장성 주택보급률을 약 20퍼센트까지 확대하게 됩니다. 이는 정부가 인민들에게 약속한 것이므로 최선을 다해 이 약속을 지켜야 합니다. 공공 임대주택을 중점적으로 건설하고, 염가 임대주택의 건설을 가속화하며, 각종 판자촌의 개조 사업을 서둘러야 합니다. 이 사업을 추진하는 과정에서

244) ibid., 240.

기본 주택의 수요를 충족하기 위해 최선을 다해야 합니다. 주택은 대중이 몸을 의탁하고 편히 쉴 수 있는 곳이므로 그 품질 보상이 매우 중요합니다. 따라서 보장성 주택의 건설 계획과 관련 시설 및 주택구조의 설계를 최적화하고 시공 품질을 높여야 합니다.[245)]

주택 관련 지원정책을 완비하고 정책적 지원 · 지도 · 견인 역할을 발휘하는 데 역점을 두어 각 방면의 적극성과 능동성을 이끌어내야 합니다. 토지정책을 완비하고 민생을 우선시하며 과학적인 방식으로 토지공급계획을 세워서 주택 부지 공급량을 늘리고 보장성 주택 부지를 우선적으로 배정해야 합니다. 재정정책을 완비하고 보장성 주택 건설에 투입하는 재정 자금을 적절히 확대해야 합니다. 정책과 조치를 종합적으로 운용해 공공 임대주택 건설과 운영에 기업과 기타 기관의 적극적인 동참을 이끌어내야 합니다. 비영리기관이 보장성 주택건설과 운영관리에 참여할 수 있는 체제 및 메커니즘 구축을 적극적으로 탐색해 각계각층이 동참하는 국면을 형성해야 합니다.[246)]

보장성 주택 건설은 국가와 인민 모두에게 도움이 되는 좋은 사업입니다. 이 사업을 제대로 추진해 주택난을 겪고 있는, 진정 도움을 필요로 하는 대중에게 혜택이 돌아갈 수 있게 관리를 강화하고, 입주허가 · 사용 · 퇴출 등에 관한 규범과 제도를 마련해 공공자원이 공평하게 효과적으로 사용될 수 있게 해야 합니다. 공평한 분배를 실시해 주택보장체제의 혜택을 받아야 할 사람들이 제대로 받게 해야 합니

245) ibid.
246) ibid., 241.

다. 보장성 주택을 불법으로 점유하는 행위는 효과적으로 처리해야 하며, 아울러 이 과정에서 허점이 나타나지 않게 제도적인 장치를 마련해야 합니다. 보장성 주택을 불법 점유하는 행위에 대해서는 법과 규정에 의해 처벌해야 합니다."[247]

247) ibid.

협치의 리더십

중 · 미 간 새로운 형태의 대국관계를 구축하자

21세기 들어 중국은 미국과 함께 G2로서 세계의 패권을 양분하는 국가로 성장했다. 중국은 전 세계의 공장으로 자리하며 제품을 생산하는 기지로 자리매김했고, 미국의 해양세력에 맞서 러시아와 함께 대륙세력의 위상을 나타내고 있다. 그러다 보니 미국과 이해관계 측면에서 서로 경쟁하고 견제하는 관계에 놓여 있는 상황이다. 그렇다면 시진핑은 미국과의 관계를 어떻게 구축하려고 하는 것일까? 다음의 연설에서 그의 큰 그림을 엿볼 수 있다.

"조금 전 저와 오바마 대통령은 첫 회동을 가지고 각기 자국의 내외정책, 중 · 미 간 새로운 형태의 대국관계 및 공동 관심사인 국제문제

와 지역 현안에 대해 심도 있고 진솔한 의견을 교환했으며, 중요한 공감대를 형성했습니다.[248)]

저는 오바마 대통령에게 중국은 평화적 발전 노선을 흔들림 없이 걸어갈 것이며, 개혁의 심화와 개방의 확대를 확고부동하게 추진해 중화민족의 위대한 부흥이라는 중국의 꿈을 실현하고 인류의 평화와 발전이라는 숭고한 사업을 힘써 촉진해나갈 것임을 분명히 밝혔습니다. 중국의 꿈은 국가의 부강, 민족의 부흥, 인민의 행복을 실현하는 평화, 발전, 협력, 공영의 꿈이며, 미국의 꿈을 포함한 세계 각국 인민의 아름다운 꿈과도 일치합니다.[249)]

저와 오바마 대통령은 경제 글로벌화가 급속히 이루어지고 있는 현실과 각국이 한배를 탄 운명체라는 객관적 요구에 직면해 중 · 미 양국은 역사적으로 대국들이 서로 충돌하고 대립하던 것과는 다른 새로운 길을 걸어가야 하며, 또한 걸어갈 수 있다는 데 의견을 같이했습니다. 이에 양국은 새로운 형태의 대국관계를 구축하고 상호 존중하고 협력 공영하며 양국 국민과 세계의 모든 사람들을 위해 기여하자는 데 합의했습니다. 국제 사회도 중미관계가 꾸준히 개선되고 발전되기를 기대하고 있습니다. 따라서 중 · 미 양국은 협력을 통해 세계의 안정에 기여하는 '평형수'와 세계평화를 촉진하는 '가속기'가 될 수 있을 것입니다.[250)]

쌍방은 여러 채널을 통한 대화와 소통을 강화하고 상호 이해와 신

248) ibid., 342.
249) ibid.
250) ibid., 343.

뢰를 증진하기로 했습니다. 저와 오바마 대통령은 앞으로도 상호 방문, 회동, 통화, 통신 등의 방식을 통해 긴밀한 연계를 계속 유지하기로 했습니다. 저는 적당한 시기에 중국을 방문해줄 것을 오바마 대통령에게 요청하였습니다. 새로운 한 차례의 회동을 위해 저와 오바마 대통령은 빠른 시일 내에 상호 방문을 실현할 것입니다. 쌍방의 협상팀은 긴밀하게 협력해 새로운 한 차례의 중·미 간 전략 및 경제 대화, 인문 교류와 관련한 고위층 협상이 긍정적인 성과를 도출할 수 있게 보장할 것입니다. 중국의 국방부장과 외무장관이 초청에 응해 미국을 방문하게 될 것입니다.[251]

쌍방은 경제무역, 에너지, 환경, 인문, 지방을 망라한 광범위한 분야에서 협력을 강화해 전방위적인 이익 공유 구도를 심화하고 두 나라 간 군사관계를 개선·발전시켜 새로운 형태의 군사관계를 구축하기로 했습니다. 또한 거시적 경제정책의 조율을 강화해 양국 경제의 발전 과정에서 협력 분야를 넓히고, 아시아·태평양 지역의 경제와 글로벌 경제가 강력하고 지속 가능하며 균형적인 성장을 추진하기로 했습니다.[252]

일의 성공 여부는 사람의 노력 여하에 달려 있습니다. 저는 중·미 양국이 새로운 형태의 대국관계를 구축할 수 있다고 자신합니다. 그것은 첫째 양국은 모두 새로운 형태의 대국관계를 구축하려는 정치적 염원을 갖고 있으며, 둘째 지난 40여 년간 쌍방은 협력을 통해 양

---

251) ibid.
252) ibid.

국의 공조에 상당히 양호한 기반을 마련했으며, 셋째 쌍방은 전략 및 경제 대화, 인문 교류와 고위층 회담을 비롯해 90여 개의 대화 소통체제를 구축함으로써 새로운 형태의 대국관계를 구축하는 데 있어 체제적 보장을 마련했으며, 넷째 양국은 각각 220여 개 성, 주 및 도시가 자매결연을 맺고, 중국은 19만 명에 달하는 학생들이 미국에서 유학하고 있으며, 미국은 2만여 명의 학생들이 중국에서 유학하고 있는 등 중·미 간에 새로운 형태의 대국관계를 구축하는 데 두터운 민의적 기반을 갖고 있으며, 다섯째 양국은 미래에도 광범위한 협력의 잠재력을 갖고 있기 때문입니다."[253]

유라시아 대륙에 우호와 협력의 다리를 놓자

그리고 그는 중미관계에 이어 유럽과의 관계에서도 새로운 그림을 그리고 있다. 이는 일대일로로 대표되는데, 당나라 시대 실크로드의 영광을 다시 현대식으로 되살리려는 것에서 출발한다. 이에 대한 시진핑의 유라시아 대륙 정책을 연설을 통해 알아보자.

"중국과 유럽은 비록 거리는 멀리 떨어져 있지만 동일한 시공 안에서 생활하고 있으며 밀접한 관계를 맺고 있습니다. 현재 중국과 유럽은 모두 발전에 있어서 가장 중요한 시기에 처해 있으며, 유례없는 기회와 도전에 직면해 있습니다. 방금 저는 우리가 유럽과 협력해 유라

253) ibid.

시아 대륙에 우호와 협력의 다리를 놓기를 바란다고 말했습니다. 우리는 평화·성장·개혁·문명이라는 네 개의 다리를 놓아 더욱 큰 글로벌 영향력을 가진 중국·유럽 간의 포괄적인 전략적 동반자 관계를 구축하기 위해 함께 노력해야 합니다.[254]

우리는 평화와 안정의 다리를 놓아 중국과 유럽의 양대 역량을 연결해야 합니다. 중국과 EU(유럽연합)는 세계 면적의 10분의 1을, 세계 인구의 4분의 1을 차지하며 유엔 안전보장이사회에서 세 개의 상임이사국 의석을 확보하고 있습니다. 또한 쌍방은 전쟁이 아닌 평화를 원하며, 일방주의가 아닌 다자주의를, 대립이 아닌 대화를 원한다는 공감대를 형성하고 있습니다. 우리는 세계적인 문제에서 소통과 조율을 강화해 세계 평화와 안정을 수호하는 핵심적 역할을 발휘해야 합니다. 문명과 문화를 전파할 수 있듯이 평화와 발전도 전파할 수 있습니다. 중국은 EU와 함께 평화의 햇살로 전쟁의 먹구름을 몰아내고, 번영의 모닥불로 세계경제의 꽃샘추위를 몰아내며, 전 인류가 평화적 발전과 협력 공영의 길로 나아갈 수 있게 촉진할 용의가 있습니다.[255]

우리는 성장과 번영의 다리를 놓아 중국과 유럽 양대 시장을 연결해야 합니다. 중국과 EU는 그 경제 규모가 세계의 3분의 1을 차지하며, 세계적으로 가장 중요한 양대 경제의 주체입니다. 우리는 시장을 상호 개방하고 투자협정을 위한 협상을 가속화하며 FTA 협상을 적극적으로 추진함으로써 2020년까지 양자 무역액 1조 달러라는 웅

254) ibid., 345.
255) ibid.

대한 목표를 실현하기 위해 노력해야 합니다. 우리는 또 중국과 유럽연합의 협력과 실크로드 경제지대 건설을 결합해 유라시아 대형 시장을 구축하는 목표를 적극적으로 논의해야 합니다. 이를 통해 유라시아 두 대륙의 인적자원, 기업, 자금, 기술의 활성화를 도모해 중국과 EU가 세계 경제가 성장하는 '쌍끌이 엔진'으로 떠오르게 해야 합니다."256)

256) ibid., 346.

창의적 리더십

중국은 끊임없이 새로워져야 한다

시진핑은 중국 과학원 제17차 원사(院士)대회 및 중국 공정원 제12차 원사대회 연설에서 "중국은 끊임없이 새로워져야 한다"고 주장했다. 특히 그는 이 말을 창조에 관해 말할 때 가장 많이 인용했다. 시진핑은 청년 대표와 가진 좌담회, 전국 정협 신년 대과회, 유럽대학에서의 연설, 원사대회 등 여러 장소에서 이 말을 인용했다.

간단명료하면서도 심오한 이 말에는 꾸준히 배워서 자신을 늘 새롭게 하고, 시대에 능동적으로 적응하고, 사회 발전을 적극적으로 이끌라는 사상이 반영되어 있다.[257] 그리고 능동적인 입장에서 끊임없이

257) 김락준, 258.

창조를 강조하는 이 말은 사람들의 마음에 깊이 스며들어 창의적인 의식을 만들고 사회를 발전시키는 강력한 힘이 되었다.

고정관념을 깨고 새롭게 생각하라

시진핑은 성장급 주요 관리 학습 관철 18회 3중 전회 연설에서 고정관념을 깨고 생각을 새롭게 하라고 말했다. 그는 '창조를 왜 해야 할까?', '어떻게 창조해야 할까?'에 대해 위의 말을 인용해 다음과 같이 두 가지 방면에서 설명했다.

"첫 번째, 세월 따라 세상이 많이 바뀌었다. 형세의 변화는 새로운 상황을 만들고 새로운 문제를 낳았다. 과거에 합리적이던 것이 더는 합리적이지 않고, 과거에 효과적이던 것이 이제는 효과가 없다. 따라서 창의성과 민감함을 가져야 시대의 흐름을 따라잡을 수 있다.[258]

두 번째, 세상이 달라지면서 일하는 것도 달라지고, 일하는 것이 달라지면서 준비해야 하는 것도 달라졌다. 따라서 끊임없이 고정관념을 깨고 생각을 새롭게 바꿔야 한다. 또한 어제까지는 옳았지만 지금은 옳지 않은 점을 찾아 고치고, 지금은 옳지 않지만 앞으로 옳을 수 있는 점을 찾아 바르게 인도해야 한다.[259]

공자는 '시간은 흐르는 물처럼 사라지고, 낮에도 밤에도 멈추지 않

---

258) ibid., 261.
259) ibid.

는다'라고 말했다. 관료는 나태한 정치적 사고를 극복하고 형세의 변화에 적응해야 하며, 창조의 법칙을 파악해 시대를 선도해야 한다."

익숙한 것을 이해해야 문제를 해결할 수 있다

시진핑은 《가난에서 벗어나자》라는 자신의 저서에서 가장 가깝고 익숙한 것을 이해해야 문제 해결의 실마리를 찾을 수 있다고 말했다. 이 글에서 시진핑은 사람들이 눈앞에 닥친 문제를 소홀히 하는 것을 속눈썹을 못 보는 모습에 빗대어 표현했다. 그리고 태도가 올바르지 않으면 가장 가깝고 익숙한 것도 제대로 이해하지 못해 문제의 근본을 알 수 없으며, 관료의 진정한 도리와 규율은 외부인의 시선과 평가에 있는 것이 아니라 날마다 직접 실천하는 것에 있다고 주장했다.[260]

또한 시진핑은 이 글에서 일을 할 때 주객이 전도되면 안 된다며 다음과 같이 설명했다.

"현장에서 실질적으로 일하는 것이 중요하다고 실컷 말해놓고는, 구체적인 문제가 생겼을 때나 어려움에 처했을 때 당황해서 뒷걸음치는 관료가 있다. 이들은 가장 간단한 규율도 무시하고 가장 근본적인 원칙조차 따르지 않는다. 때론 너무나 당연하고 친숙한 도리가 경직된 사고나 달콤한 이익 때문에 내팽개치기도 한다. 하지만 관료는

260) ibid., 282.

늘 깨인 의식으로 자아를 인식하고 신념을 굳게 지켜야 한다. 일의 주제, 기본적으로 끌고나가야 하는 주된 측면, 핵심을 파악할 수 있어야 한다."[261]

시진핑은 1988년에 쓴 이 글에 다음과 같이 덧붙였다.

"아침저녁으로 간절하게 꿈꾸지 않고 경제건설을 이룬 나라는 없다. 열린 마음으로 발전의 요점과 규칙을 파악하면, 올바른 길 위에서 주된 사업을 잘 일굴 수 있다."[262]

---

261) ibid.
262) ibid.

공동체 리더십

실크로드 경제지대를 공동으로 건설하자

그는 유라시아 대륙의 관계에 대해 말할 때 일대일로를 말하며 다음과 같이 당나라 시대의 실크로드를 중심으로 경제 공동체를 다시 세워야 한다고 주창했다.

"2,100여 년 전, 중국 한나라의 장건이 평화와 친선의 사명을 띠고 두 차례나 사신으로 가서 중앙아시아의 각 나라와 우호적 왕래의 물꼬를 틔웠고, 이로부터 동서를 횡단하며 유럽과 아시아를 연결하는 실크로드가 열리게 되었습니다.[263]

저의 고향 산시는 실크로드의 출발점에 있습니다. 이곳에서 역사를

---

263) 시진핑, 350.

회고하면 마치 산자락에서 울려 퍼지는 낙타 방울 소리가 들리는 듯하고, 드넓은 사막에 외롭게 피어오르는 연기가 보이는 듯하여 각별히 다정한 느낌이 듭니다.264)

카자흐스탄은 고대 실크로드 지역으로, 동서양 문명의 소통과 다양한 민족 · 문화의 상호 교류와 협력에 크게 기여했습니다. 동서양의 사절단과 상단, 여행객, 학자, 기술자들이 끊임없이 이 지역을 오갔으며 실크로드에 면한 각국은 상호 교류와 학습을 통해 인류 문명의 진보를 추진했습니다.265)

고대 실크로드의 도시 알마티에는 셴싱하이 거리가 있는데, 이와 관련된 이야기가 다음과 같이 전해지고 있습니다. 1941년 태평양전쟁 때 중국의 유명한 음악가 셴싱하이가 각지를 전전하던 끝에 알마티에 당도했습니다. 산 설고 물 설은 고지에서 가난과 병고에 시달리던 그를 카자흐스탄 음악가 바이카다모프가 가족의 일원으로 받아들였습니다.

셴싱하이는 알마티에서 〈민족의 해방〉, 〈신성한 전쟁〉, 〈만강홍〉 등 유명한 음악 작품을 창작했고 카자흐스탄 민족의 영웅 아만겔디의 업적을 테마로 교향시 〈아만겔디〉를 창작해 파시즘에 항거하는 전쟁을 옹호함으로써 현지 사람들로부터 큰 환영을 받았습니다.266)

기나긴 세월이 흐르면서 실크로드에는 각국 사람들의 친선에 관한 많은 이야기가 전해지고 있습니다. 2천여 년의 교류 역사는 단결과

---

264) ibid.
265) ibid.
266) ibid., 351.

상호 신뢰, 호혜 평등, 포용과 교류, 협력과 공영만이 상이한 인종, 신앙과 문화 배경을 가진 국가들이 평화를 공유하고 공동 발전할 수 있는 길임을 증명하고 있습니다. 이는 고대 실크로드가 우리에게 남긴 소중한 계시입니다.[267)]

지난 20여 년간 중국과 유라시아 국가들의 관계가 급속히 발전함에 따라 유구한 역사를 지닌 실크로드에는 새로운 생기와 활력이 넘치고 새로운 형식으로 중국과 유라시아 국가 간 호혜 협력이라는 새로운 역사의 장이 열리고 있습니다.[268)]

가까운 이웃이 먼 친척보다 낫다는 말이 있습니다. 중국과 중앙아시아 국가는 지리적으로 가깝고 우호적인 이웃 나라입니다. 중국은 중앙아시아 각국과의 우호협력관계 발전을 고도로 중시하며 외교의 우선 방향으로 삼고 있습니다.[269)]

오늘날 중국과 중앙아시아 국가의 관계는 모처럼 발전의 기회를 맞이하고 있습니다. 우리는 중앙아시아 국가와 협력하여 상호 신뢰와 우호를 증진하고 협력을 강화하며 공동의 번영과 발전을 촉진하고 각국 인민을 위해 복지를 도모하기를 희망합니다.

우리는 대를 이어 우호관계를 지속하고 조화롭고 화목한 좋은 이웃이 되고자 합니다. 중국은 평화적 발전 노선을 견지하고 자주독립의 평화적 외교정책을 확고히 펼칠 것입니다. 우리는 각국 인민이 스스로 선택한 발전 노선과 실시하고 있는 국내외 정책을 존중하며, 중앙

---

267) ibid.
268) ibid.
269) ibid.

아시아 국가의 내정에 절대 간섭하지 않을 것입니다. 중국은 해당 지역 주변의 주도권을 추구하지 않으며, 세력권을 형성하지 않을 것입니다. 우리는 러시아 및 중앙아시아 각국과의 교류와 협력을 강화해 화합하는 지역을 건설하기 위해 계속 노력을 기울일 것입니다.[270]

우리는 상호 지지하고 서로 진심으로 신뢰하는 좋은 친구가 되어야 합니다. 국가의 주권, 영토, 보존, 안전과 안정 등 중대하고 핵심적인 이익과 관련된 문제에서 상호 지지하는 것은 중국과 중앙아시아 각국의 전략적 동반자 관계의 실질적이며 중요한 내용입니다. 우리는 각국과 양자 및 상하이협력기구의 틀 안에서 상호 신뢰를 강화하고 협력을 심화하며, 힘을 합쳐 '3대 세력', 마약 밀매, 다국적 조직 범죄를 척결함으로써 지역경제가 발전하고 인민이 안정된 생활을 누리며 즐겁게 일할 수 있는 양호한 환경을 마련하고자 합니다."[271]

21세기 '해상 실크로드'를 공동으로 건설하자

그와 더불어 화교들이 경제를 장악하고 있는 아세안에 대해서는 정화가 이끌었던 바다길에 버금가는 해상 실크로드를 주창하고 있다. 그의 연설에서 아세안과의 해상 실크로드에 대해 구체적으로 알아보자.

"중국과 아세안(동남아시아 국가연합) 국가는 지리적으로 가깝고 혈연

270) ibid., 352.
271) ibid.

적으로 밀접한 나라입니다. 올해는 중국과 아세안이 전략적 동반자 관계를 맺은 지 10주년이 되는 해이며, 지금 중국과 아세안의 관계는 새로운 역사의 출발점에 서 있습니다.[272)]

중국은 인도네시아의 아세안 내 위상과 영향력을 매우 중시하며, 인도네시아, 아세안의 다른 국가들과 함께 노력하여 성쇠와 안위를 함께하고 어려움을 함께 헤쳐나가는 좋은 이웃, 좋은 친구, 좋은 동반자가 되고자 하며, 더욱 긴밀한 중국 · 아세안 운명공동체를 구축해 양자간, 그리고 이 지역 인민들에게 더 많은 혜택을 가져다주려고 합니다. 이를 위해 우리는 다음 몇 가지 방면에 노력을 기울여야 합니다.[273)]

신뢰하며 화목하게 진행해야 합니다. 사람과 사람의 교류에서는 우선 말에 믿음이 있어야 하듯이 나라와 나라의 관계에서는 신용을 지키는 것이 무엇보다 중요합니다. 중국은 아세안 국가들을 성실하고 우호적인 태도로 대하며, 정치와 전략적 상호 신뢰를 공고히 하고자 합니다.[274)]

세계 어느 곳에 놓아도 들어맞는 구체적인 발전 모델은 없으며, 한 번 정하면 불변하는 발전 노선도 없습니다. 중국과 아세안 국가의 국민들은 변혁과 혁신을 도모하고 끊임없이 개척 전진하면서 시대의 흐름에 순응하고 각자의 현실에 맞는 발전 노선을 모색하고 개척함으로써 경제사회 발전을 위한 광활한 비전을 제시했습니다.[275)]

---

272) ibid., 352.
273) ibid., 353.
274) ibid.
275) ibid.

우리는 각 나라가 사회제도와 발전 노선을 스스로 선택하는 권리를 상호 존중해야 하며, 경제사회 발전을 추진하고 인민의 생활을 개선하기 위해 진행하고 있는 각자의 탐색과 실천을 존중해야 합니다. 상대방의 전략 방향에 대한 확고한 믿음을 가지고 상대방의 관심사를 상호 지지하면서 중국·아세안 전략적 협력의 큰 방향을 굳건히 지켜야 합니다.[276]

중국은 아세안 국가와 선린우호협력 조약 체결을 논의하고 선린우호의 아름다운 청사진을 함께 그려나가려 합니다. 중국은 앞으로도 변함없이 아세안의 발전을 지지하고 아세안 공동체 구축을 지지하며, 아세안이 지역 협력에서 주도적 역할을 발휘하는 것을 지지할 것입니다.[277]

협력과 공영을 견지해야 합니다. '이익을 따지려면 천하에 도움이 될 것인지를 따져야 한다'는 말이 있습니다. 중국은 호혜 평등을 기초로 아세안 국가에 대한 개방을 확대해 중국의 발전으로 아세안 국가에 혜택이 돌아가게 할 것입니다. 중국은 호혜 평등을 기초로 아세안 국가에 대한 개방을 확대해 중국의 발전으로 아세안 국가에 혜택이 돌아가게 할 것입니다. 중국은 중국·아세안 자유무역지대 수준을 제고하고 2020년까지 쌍방 무역규모 1조 달러를 달성하기 위해 노력할 것입니다. 중국은 아세안 국가와 커넥티비티 강화에 주력할 것입니다. 중국은 아시아인프라투자은행의 설립을 제창하고 아세안 국가

---

276) ibid., 354.
277) ibid.

를 포함한 이 지역 개발도상국의 인프라 커넥티비티(Connection, 연결성)를 지지할 것입니다.[278)]

동남아 지역은 예로부터 '해상 실크로드'의 중요한 요충지 역할을 해왔습니다. 중국은 아세안 국가와 해상 협력을 강화하고, 중국 정부가 설립한 중국·아세안해상협력기금을 적절히 활용해 해양 협력 동반자 관계를 구축하고 21세기 '해상 실크로드'를 공동 건설하고자 합니다. 중국은 아세안 국가와 각 분야에서 실무적 협력을 확대하고 상호 교류와 상호 보완을 강화해 아세안 국가와 기회를 공유하고 함께 도전하면서 공동 발전, 공동 번영을 실현하고자 합니다.[279)]

위험이 닥쳤을 때 서로 도와야 합니다. 중국과 아세안은 입술과 이처럼 서로 의지하는 관계로, 지역의 평화와 안정 수호에 공동의 책임을 지고 있습니다. 역사적으로 중국과 아세안 국가 국민들은 민족의 운명을 장악하기 위해 어깨를 걷고 싸우며 고난을 같이해왔습니다. 최근에는 아시아 금융위기와 국제 금융위기, 인도양 쓰나미 및 중국 원촨 대지진 재해에 대응하는 과정에서 각국 국민들은 긴밀히 협동해 강력한 힘을 형성했습니다.

우리는 다른 지역의 발전 경험을 적극적으로 참조하며, 다른 나라가 이 지역의 발전과 안정을 위해 건설적 작용을 발휘하는 것을 환영합니다. 이와 동시에 다른 국가들과 이 지역의 다양성을 존중하고 이 지역의 발전과 안정에 도움이 되는 일을 해야 합니다. 중국-아세안 운

---

278) ibid.
279) ibid.

명공동체와 아세안 공동체, 동아시아 공동체는 밀접하게 연관되므로 서로 각자의 우위를 발휘하고 다양함 속에서 공생하고 포용하며 발전함으로써 이 지역 사람들과 세계 각국 국민을 복되게 해야 합니다." 280)

즉 시진핑은 북으로는 실크로드, 남으로는 해상 실크로드를 통해 경제 공동체를 꾸릴 계획을 세우고 있다. 이를 통해 지역의 지배권을 강화하는 것은 물론이다. 향후 중국이 경제력을 기반으로 정치, 문화적 지배를 강화하는 방식으로 큰 그림을 그리고 있음을 알 수 있다.

280) ibid., 257.

참고문헌

가오샤오(2012). 「대륙의 리더 시진핑」. 삼호미디어.

김용옥(2016). 「도올 시진핑을 말한다」. 통나무.

좌등현(2012). 「시진핑 시대의 중국」. 청림출판.

문유근(2014). 「시진핑의 차이나 드림」. 북스타.

이규철(2013). 「시진핑과 차이나의 도전」. 부연사.

相江宇(2014). 「시진핑 리커창」. 린.

조용성(2012). 「시진핑 시대의 중국을 조망하다」. 넥서스.

상마승(2011). 「시진핑」. 한국경제신문.

시진핑(2015). 「시진핑 국정운영을 말하다」. 미래엔.

김락준(2016). 「시진핑을 통해 진짜 중국을 만나다」. 가나문화콘텐츠.

이승익(2010). "당대 중국 최고 정치 지도자들의 리더십 유형연구, 계명대학교대학원, 박사학위논문.

시진핑 리더십

초판1쇄 인쇄 | 2017년 3월 20일
초판1쇄 발행 | 2017년 3월 25일

지은이 | 이창호
펴낸이 | 김진성
펴낸곳 | 벗나래

편　집 | 정소연, 허강, 박진영
디자인 | 장재승
관　리 | 정보해

출판등록 | 2012년 4월 23일 제2016-000007
주　소 | 경기도 수원시 팔달구 정조로900번길 13, 202(북수동)
전　화 | 02-323-4421
팩　스 | 02-323-7753
홈페이지 | www.heute.co.kr
이메일 | kjs9653@hotmail.com

값 15,000원
ISBN 978-97763-13-9 03340